FAZENDO ACONTECER!

Você nunca mais será o mesmo quando dominar a postura positiva

LUIZ GASPARETTO E LÚCIO MORIGI

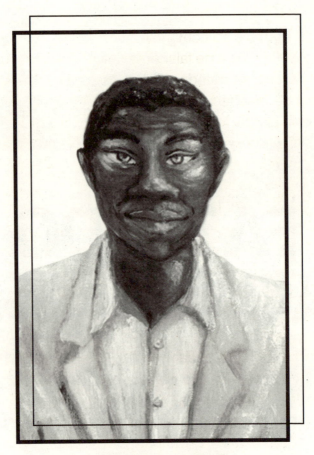

CALUNGA

O primeiro contato de Calunga com Luiz Gasparetto ocorreu em 1988. Gasparetto logo reconheceu nesse espírito brincalhão, arrojado e informal uma sabedoria e uma bondade incomuns que o cativaram por completo.

Costuma-se comentar que o seu maior dom é a capacidade de falar duras verdades sem que a pessoa se ofenda. Para o médium, Calunga tem se mostrado um grande mestre e um estimado amigo.

O Calunga nos conta sobre sua última encarnação:

Morri aos 54 anos de meningite, no começo do século 20. Logo que aqui cheguei, os mentores me puseram no trabalho. 'Para poder se livrar de seus remorsos, será necessário ajudar aqueles a quem você prejudicou, senão nunca irá se curar.', me disse um mentor. Decidi ajudar os brancos e os negros com quem eu havia me compromissado diante de mim mesmo, pois Deus não cobra nada, mas nossa Alma é exigente. Eu só senti alívio depois de ajudar. Gostei e pedi permissão para continuar, pois com o trabalho me mantenho lúcido e aprendendo. Por isso, quis conservar minha aparência de preto. Estou acostumado a ela e nem saberia mais ser branco como fui em algumas vidas passadas, na Europa. Além do mais, eu gosto da minha negritude com seus atributos naturais que me facilitam lidar com as forças mágicas. Ainda quero ver se reencarno como mulato, para não exagerar nem de um lado nem de outro".

Sumário

Introdução **7**

1 - A postura da abundância para abrir caminhos **13**

A força das necessidades 16

Força da satisfação das necessidades........21

Mesquinhez 25

Gratidão 47

2 - A compulsão e o amor **53**

3 - Seu direito de sentir dor **70**

Reflexão 91

4 - O safadinho e o idiota **94**

Se ligando no Eu superior.......................108

5 - A chave é o entendimento. Está tudo certo. A vida tem sempre razão.......... 115

Vivências e experiências do Caluga...........137

Reflexão...158

6 - Aceitação 163

É preciso acionar Deus em mim...............170

7 - Lei da consciência........................... 174

O mérito da curiosidade..........................189

O contraste..192

Consciência coletiva...............................196

A consciência contagia 198

8 - Lei do mérito................................... 199

O mal disfarçado de bem 203

**VOCÊ SÓ PODE SER VOCÊ,
O ÚNICO NO UNIVERSO.
VOCÊ TEM O PODER.**

Introdução

Este livro é uma extensão de *Calunga revela as leis da vida*. Assim como o primeiro, tem sua origem em palestras proferidas pelo Calunga ao Colegiado dos Filhos da Luz, no Espaço da Espiritualidade Independente, acrescidas de entrevistas que fiz com o próprio Calunga.

A terceira lei da vida é a Lei da Evolução: tudo evolui. Agora, entre outros assuntos, vamos tratar dos mecanismos dessa lei, ou seja, as forças que a compõem: a força das necessidades e a força da satisfação das necessidades.

Absolutamente tudo que você fez na vida foi movido por uma necessidade. Assim está sendo e assim será, porque é uma lei universal. Vale tanto para uma minhoca, um grãozinho de areia, como para o mais sábio dos avatares. Se não houvesse a necessidade, não haveria evolução.

Não dá para não evoluir, porque existe outra Lei da Vida, irmã gêmea da Lei da Evolução, que é a Lei da Transformação: tudo muda. Se nada é estático no universo, se tudo muda, se tudo se transforma, quando você não faz nada, também está fazendo.

Então, custe o que custar, você vai chegar lá. E como vai chegar? Movido pelas necessidades. Não tem como não chegar, porque você foi feito para ser feliz, enfim, para satisfazer suas vontades, ou seja, suas próprias necessidades.

Veja a extensão da premissa de que você e tudo são movidos por uma necessidade: não fazem mais sentido as culpas, os arrependimentos, as mágoas, as revoltas, os desapontamentos, as frustrações, os remorsos, os rancores, os sentimentos de vingança, as vítimas, os juízes, pois tudo que você fez ou deixou de fazer foi para satisfazer uma necessidade. Ou seja, tudo que você fez foi perfeito, de acordo com outra Lei da Vida: a Lei da Perfeição.

Isso nada mais é que a plena liberdade interior, e liberdade interior significa liberdade exterior, porque o exterior é o reflexo do interior.

Decorrente da Lei da Evolução há a Lei da Consciência, segundo a qual, tudo que é significativo para você, mas não quer encarar na sua existência, vai aparecer exaltado, para que você veja, perceba, note e tome consciência. Enquanto não tomar consciência, a vida vai trazer de volta, cada vez mais ampliado, que é para você resolver aquilo e ir em frente, uma vez que você está pedindo através de suas vontades. Se há uma vontade, há uma necessidade que precisa ser satisfeita. Não viu pequenininho, agora vai ver grande.

O mais importante na vida é o entendimento. Entender o que está ocorrendo conosco é outra maneira de viver. O duro é estar passando por aquilo sem noção de nada. O entendimento nos faz compreender a causa e nos ajuda a resolver determinada situação. Quem entende, passa pela vida sem sofrer, pois, a ignorância é a causa de todas as dores e sofrimentos, enfim, de todos os males.

Para que haja entendimento profundo, é indispensável haver aceitação. Sem a aceitação da sua realidade você fica dando voltas, e sua vida não progride o quanto você gostaria, em todos os sentidos.

Aceitar não é se conformar. Aceitar é permitir que você confronte sua consciência com o fato. É o ver, é o "é", é o real.

Primeiro, a gente diz: "é, isso é verdade", seja com relação a um fato doloroso, seja com algo prazeroso. Por motivos óbvios, vamos tratar aqui apenas daquilo que causa desconforto, desde uma pequena dor a uma situação traumática, pois a lei é a mesma.

Uma vez confrontada e aceita a situação, você pode estudar, analisar como funciona, como não funciona. Só podemos estudar e só podemos trabalhar o problema se primeiro aceitá-lo, que é para possibilitar o contato com aquilo.

Por último, vamos tratar da Lei do Mérito. Nada vem do nada. Tudo vem de alguma coisa daí de dentro de você. Se você tiver mérito, vai conseguir seus intentos, se não tiver, vai precisar trabalhar para ter.

A Lei do Mérito também está embasada no processo da evolução que segue o trajeto: do pior para o melhor, do ignorante para o sábio, do inconsciente para o consciente, do caótico para o organizado, do simples para o complexo.

Tudo segue o mesmo caminho do Universo que, do infinitamente concentrado segue para o infinitamente expandido. Isso faz com que você seja motivado para fluir do estado latente para a ação dinâmica. Assim, sua consciência, que era mínima, percorre seu processo de expansão pela eternidade. E o que é ter mérito? É agir no bem, porém, o bem é relativo. Pode ser que você esteja se esforçando para fazer o bem, mas não sabe que, quanto mais você se esforça nesse bem, mais alimenta o mal, pois o suposto bem tem sua origem no mal porque assim aprendeu. É como se fosse um lobo em pele de cordeiro.

Boa leitura.
Lúcio Morigi

1

A postura da abundância para abrir caminhos

A postura positiva precisa ser dominada. É uma atitude interior. Você nunca mais será o mesmo quando começar a dominar a postura positiva. A hora é agora. Chega de postergar a coisa mais importante da sua vida. Não dê a mínima chance.

Assim que perceber a negatividade rondando sua mente, inverta a postura de imediato. É necessário que seja o mais rápido possível. Sabe aquela doença em que quanto mais no início for diagnosticada, maior a chance de cura?

É como o sono que você não deseja ter naquele momento. Quanto mais você ficar naquela postura, sentado no sofá, mais ele o domina e de repente toma conta e você dorme. Depois de uma hora, você acorda e se arrepende de ter dormido e ter perdido o final do filme.

Ao menor sinal de sonolência é preciso se levantar e fazer algo, senão o sono toma conta. Ao menor sinal de negatividade assuma a postura positiva. "Não, não entro nessa porque sei onde isso vai dar. Xô, que isso não é meu! Eu sou positivo, acredito no melhor e que a vida está sempre a meu favor." A vida o trata como você se trata. Assim, se a postura positiva for uma constante, o positivo, em todas as áreas, prevalecerá em sua vida. Não há como ser diferente. A lei não falha. Não é assim que acontece com o oposto? Perceba como as pessoas com postura negativa têm a vida toda enrolada. Vivem reclamando de tudo e de todos. Quem está mergulhado na negatividade não tem a mínima chance de ser próspero, pois o exterior é o reflexo do interior.

A manutenção da postura positiva, a princípio, exige certo esforço e policiamento, porque a mente não aprendeu assim e, se deixar, ela segue a lei do menor esforço, e nem sempre é fácil mudar um hábito, principalmente mental. Mas, com a insistência, aos poucos torna-se natural e automático. Como tudo, é uma questão de prática. A teoria sem a prática não conta nada.

Insisto na manutenção da postura positiva para que você tire o melhor proveito de uma coisa muito importante que vou falar. Tenho certeza de que vai alterar muito positivamente seu ponto de vista e sua capacidade.

A evolução é uma força extraordinária da vida. Como essa força trabalha? Como ela anda? Como é a natureza íntima desse processo? Isso tudo tem a ver conosco, pois ninguém se exclui desse processo, tendo em vista uma das leis universais, segundo a qual nada é estático no Universo. Querendo ou não, não dá para parar.

A força das necessidades

Assim, a natureza a todo momento instiga e promove o ser humano. Faz o ser humano e todos os seres andarem no processo da evolução. Sabe como? Vou dizer agora algo muito importante. Preste atenção.

Você anda, evolui, age a partir das necessidades. Sem elas você não se move. As necessidades sempre vão exigir alguma coisa de você. Elas exigem uma satisfação, elas incomodam. A fome incomoda, não é? Exige um movimento. Então, vai puxando você para se exprimir. "Ah, eu não quero fazer mais nada." Eu desisto. Não vai conseguir.

As necessidades estão por trás de tudo que uma pessoa faz. Aquilo que parece ser um rolo horroroso, terrível, você não chega a entender, por quê? Porque você não está treinado para ver as necessidades que estão movendo aquilo.

Ninguém faz nada por acaso. Tudo tem atrás uma necessidade que o move. Tudo que você faz tem necessidade de todo tipo, não só física, emocional, espiritual, afetiva, mas em todas as áreas da vida. O mesmo ocorre com os animais, as plantas, as pedras, os rios, os planetas, enfim, em tudo no Universo.

Nada no Universo está pronto, por isso nada é estático. Um terremoto não ocorre por acaso, mas devido à necessidade de a terra acomodar o subsolo.

A necessidade é a força motriz que o move a buscar uma satisfação. E nessa busca, você cresce, evolui e expande a consciência. Assim que satisfez determinada necessidade, surge uma nova, além das diversas que você ainda não satisfez.

Você nunca vai ficar sem necessidade, porque o espírito nunca está satisfeito. Ele sempre quer o melhor do melhor do melhor, pois a potencialidade dele em você é infinita. Acabou a necessidade, a evolução para e isso é impossível.

Não é assim com a comida? O corpo pede através da fome, você satisfaz e daí a umas horas volta a fome. "Acho que vou pegar um pedacinho de pão, uma banana, um docinho". Ainda que a pessoa evolua muito, mudando de plano, de sistema, de categoria, continua sendo movida por essas necessidades básicas, que são cíclicas, e por novas necessidades em outras áreas da vida. Assim, a gente vai andando, vivendo, evoluindo, sempre movido pelas necessidades. "Ah, eu não tenho e não quero criar nenhuma necessidade, a não ser as básicas para a sobrevivência." Impossível. Mesmo que você suporte a dor do tédio, da depressão, que fatalmente advirá por ficar sem fazer nada, surge a necessidade de morrer, e depois, no astral, continuará sendo movido pelas necessidades, porque a morte não altera nada. "Ah, mas no astral não vou fazer nada." Decididamente, vai. Como lá não há mais o alívio da morte, a dor vai ser tal, a ponto de ficar insuportável, que você vai procurar rapidinho algo para fazer, e nesse fazer, sua situação evolui. A dor é o estímulo para a gente sair dela própria. Até a dor é uma necessidade que criamos quando ainda não sabemos agir com inteligência em certa área de nossa vida.

Tendo em vista que as necessidades são fundamentais para todos os seres, é bom sabermos que elas são de variados tipos e que seguem determinada hierarquia. Em primeiro lugar estão as necessidades de subsistência e, dentre estas, a que ocupa o primeiro posto é, obviamente, a de respirar. Você pode estar fugindo de um incêndio, pode estar numa situação qualquer, mas se faltar ar, você precisa parar para respirar. É mais importante que tudo, até mesmo da necessidade de não morrer queimado. Qualquer tipo de medo fica em segunda instância frente à necessidade de respirar.

Depois, vêm as necessidades fisiológicas. Se você estiver regendo uma orquestra, numa única apresentação que irá levá-lo à glória, sendo aguardada por dez anos, vai precisar ser imediatamente interrompida, sem um segundo de atraso, frente a uma diarreia, ainda mais de costas para o público.

Dentre as necessidades fisiológicas, que também têm uma hierarquia, temos a necessidade de dormir, de tomar líquido, de comer, de descansar etc. Em seguida vêm as necessidades de abrigo, as sociais, financeiras, profissionais, de aprendizagem, afetivas, assim por diante.

Enfim, queira ou não, a necessidade manda em você. "Ah, tô pensando em respirar."

Ninguém vai pensar nisso. É inquestionável, não é? Então, sou escravo das necessidades? Não, não é escravidão. É motivação. Eu não sou escravo de nada. Não gosto dessa visão. Sou motivado, meu sistema todo é motivado, todo mundo e o universo inteiro são motivados pelas necessidades que nunca vão acabar. Tudo que você sempre fez foi para satisfazer uma necessidade, mesmo as besteiras mais absurdas.

Força da satisfação das necessidades

Se o universo cria, anda e evolui movido por necessidades, elas também criam um sistema para supri-las. Por exemplo, trazendo para o individual, a fome que é uma coisa simples, se eu não tiver como satisfazê-la, acabou a vida, acabou tudo, não é? Para eu continuar vivo tenho que comer algo, nem que seja uma folha de alface. Ou seja, se há a necessidade, há o recurso.

Assim, se por um lado há a força da necessidade, por outro há a força de satisfação da necessidade. Gustav Jung disse algo muito próximo disso: "se há uma vontade, há um caminho para satisfazê-la."

Por isso que você precisa seguir suas vontades. Toda vontade gera uma necessidade. A vontade é a voz do espírito dizendo: "é por aí."

O nome simples que se dá à força de satisfação da necessidade é abundância. Na religião ela foi propalada como providência divina ou graça divina. É como se diz: recebi uma graça. Recebi um milagre. A sua vida foi repleta de milagres e você nem percebeu.

Quando se fala em abundância, o que vem na sua mente? Um montão, derramando pelo chão, um saco de dinheiro, uma geladeira cheia que não cabe mais nada? Não é isso exatamente. É uma ideia um pouco desvirtuada. Num certo aspecto ela é assim, pois tem tudo para tudo.

Tem tudo para tudo, mas a ideia correta de abundância não pode ser desvinculada da premissa de que ela não desperdiça. A abundância é precisa. Ela faz na medida exata da necessidade.

Por ser divina, a abundância é também infinita no seu poder de suprir tudo, mas ela só usa o necessário, o preciso. Ela é sábia e inteligente. "Ah, mas por que o peixe bota milhares de ovos de uma vez?" Mas, quantos deles vão vingar? Uma dezena? "E o resto não é desperdício?" Não. Na natureza tudo é funcional. Vai alimentar a cadeia ecológica.

"E a árvore que dá milhares de frutos que não são aproveitados pelo homem nem pelos animais e aves e apodrecem no chão?" Além de servir de alimento para os vermes e as bactérias, vão adubar a terra para diversas plantas, além da própria árvore. E as sementes que se transformarão em árvores? Se todas as sementes que caíssem no chão germinassem, em algum tempo, encheriam o planeta de árvores e matariam todas as outras.

Perceba quanta abundância e quanta precisão com apenas esse exemplo. A abundância é exata e proporcional de modo a permitir que outros seres e outras espécies vivam em harmonia. O humano é o único ser no planeta que desperdiça. É por isso que a prosperidade é para poucos.

Essa abundância já aconteceu muitas vezes em sua vida. Sabe, naquele dia em que você recebeu a graça de uma verdade? Chegou como aquela pecinha do quebra-cabeça que faltava? Na hora certa, do tamanho justo, nem mais nem menos, que você entendeu com clareza, digeriu aquilo que foi uma beleza e resolveu a situação. Foi perfeito e suficiente, não foi? Não teve desperdício.

Quer dizer que toda necessidade tem satisfação? Na medida certa de suas necessidades. Pode não ser aquilo que você queira, mas é à medida que você precisa, sem desperdício. De tudo que você precisa, a vida tem sem limite. Sua vida segue sempre em função de suas necessidades e sempre fornecendo condições de continuar em frente. É assim que caminha a evolução.

Como você se vê dentro desse esquema, de que a abundância flui através do ser humano? Vai depender de você, de sua postura interior, do seu arbítrio que é a maior força que todos temos. Se sua postura for a favor dessa força, postura próspera, abundante, generosa, ótimo! Você vai ter uma vida de rei e tudo vem. Porém, se você estiver numa postura que não é favorável, você corta o fluxo. Essa postura não favorável é chamada mesquinhez.

Mesquinhez

A mesquinhez não se resume naquilo que comumente chamamos de pão duro, sovina, mão de vaca. Ela é muito mais abrangente que você nem faz ideia. Muitas vezes você está mergulhado nela e nem sabe que se trata de mesquinhez. Toda vez que você responsabiliza ou culpa alguém pelo que de ruim acontece na sua vida, está na mesquinharia. "Ah, porque meus pais fizeram isso e aquilo comigo e até hoje estou traumatizado e cheio de problemas. Ah, porque você me magoou, porque você não me considera, porque o outro me prejudicou, porque você me abandonou." Pura mesquinhez.

A mesquinhez não permite você enxergar a abundância que seus pais lhe proveram, favorecendo, por exemplo, a coisa mais preciosa que é a sua vida. Proporcionaram sua reencarnação, cuidaram de você, fizeram o que podiam a seu modo, nem sempre do seu gosto, mas fizeram. A vida o proveu e agora você dá um chute nela. Está cuspindo no prato que comeu. É claro que a abundância vai se retrair. Quem está na mesquinharia, colhe mesquinharia. É a lei da abundância. Só pode ter abundância quem está na postura interior de abundância.

A pessoa que se enquadra nesse tipo de postura, se não mudar imediatamente, vai sofrer, se já não estiver sofrendo, a falta daquilo que ela mais deseja. Começa a ser rejeitada, não amada, maltratada afetivamente, não dá certo com ninguém, tudo é ruim e insatisfatório. Sem contar que sua prosperidade financeira passa a quilômetros de distância. A saúde, então... é uma séria candidata à depressão.

Ninguém faz nada para você, mas todo mundo faz através de você. Seu pensamento é a sua postura. A decisão é sua. Negou, está negado. Tudo que é seu está aí. Saia da negação que a abundância flui. A mesquinharia é ganância, é negação. Você acha que não é, mas é.

Toda compulsão é ganância. Toda ansiedade, toda fúria, toda inquietação, toda impulsividade sem consciência vem do quê? Da falta, do sofrimento de mesquinharia e ganância e, ao mesmo tempo, a falta vem da mesquinharia e da ganância. Assim, se torna um círculo vicioso e sua vida não anda. Fica dando voltas e insistindo sempre no mesmo ponto, impedindo o fluxo natural da abundância de se manifestar.

A abundância financeira não depende de mérito. Se dependesse, bandido, desgraçado, trapaceiro, corrupto não teriam tudo o que têm. Agora, os sentimentos como a paz, o senso de realização, a harmonia, a satisfação, que dependem do mérito, eles não vão ter, porque, segundo a lei do mérito, mérito é agir no bem e a causa da abundância deles vem do mal. Podem ser ricos, mas não serão prósperos.

Rica é a pessoa que tem muito dinheiro e muitas posses, e próspera é aquela que está bem, além do financeiro, em todas as áreas da vida, como saúde, relacionamentos, profissional. De que adianta viver num castelo de ouro e sofrer de solidão? Todo próspero necessariamente é rico, mas nem todo rico é próspero.

O que você chama de trapaceiro está ligando para sua moral? Ele não está nem aí e a abundância financeira está fluindo na vida dele. Sabe por quê? Porque ele está numa postura tal que a abundância age. A abundância financeira não liga para mérito, porque ela tem que atender a todos em qualquer nível de evolução, em qualquer caminho que tomarem. É a função dela que é neutra de julgamento de valores. Toda natureza age assim. A chuva não vai deixar de cair na lavoura do ateu, vizinho do agricultor que fez novena para chover. O sol nasceu para todos. Não é assim que dizem?

Se a abundância não está fluindo na sua vida, a única coisa é que você está numa postura que a cortou, até o ponto em que você não aguenta mais. Então, você vai ceder, porque a própria evolução faz pressão para você ceder para continuar no seu ritmo de necessidade e satisfação. É nessa hora que você muda sua postura na percepção da necessidade.

Você está aí no seu dia a dia sem saber do processo, mas tudo que você está fazendo é para satisfazer alguma necessidade. Você depende integralmente da força da abundância. Não tem condição de viver sem ela, seja na vida interior, seja na vida exterior.

Em todas as necessidades, é preciso entender o que em você está facilitando a abundância. Todas as vezes em que ela se manifestou foi porque você estava na postura adequada, e outras vezes não porque você estava na postura errada. É uma questão de discernimento.

Por trás da postura errada está a mesquinhez. Outro tipo de mesquinhez é o egoísmo. Não o egoísmo como é visto por aí de uma pessoa que não se doa para os outros, que quer as coisas para si e não se importa com o outro, que se serve primeiro que os outros. Esse conceito de egoísmo está equivocado. Tudo isso é um direito da pessoa. Eu não preciso ajudar se não tiver vontade.

Aprendemos desde criança a colocar os outros sempre à nossa frente, porque é bonito, é educado socialmente. Aprendemos a desempenhar papéis para satisfazer os outros em detrimento de nossas vontades. Isso sim é egoísmo. Aliás, mais que egoísmo, é orgulho e vaidade. É querer o aplauso, a consideração para satisfazer o ego.

Quando você se coloca em primeiro lugar, não está tirando nada de ninguém. Cada qual que se coloque onde bem entender. Isso não é egoísmo. É consideração, respeito, amor por si.

O que chamam por aí de altruísmo, no fundo, é puro egoísmo e o que chamam de egoísmo é altruísmo, pois a pessoa se torna nutritiva, de bem com a vida e seu padrão energético fica com qualidade; ajuda todo mundo consequentemente. Ao contrário, quando você tira de si para dar aos outros, a vida tira de si, pois ela trata você como você se trata e não como você trata os outros. Daí, seu padrão energético cai, você se torna uma pessoa tóxica e atrapalha todos à sua volta.

Outro exemplo de egoísmo é você procurar se vingar para satisfazer seu ego, isto é, você não ganha nada com aquilo a não ser a satisfação do orgulho ferido.

Qualquer tipo de complexo é mesquinharia. Você não é inferior a ninguém. Em potencial todo mundo é igual, pois todos somos feitos pela força divina, com toda perfeição e o potencial de cada um é infinito, já que somos a extensão de Deus. Apenas uns já desenvolveram certas habilidades e você ainda não, assim como você, em determinada área, tem mais habilidade que os outros.

"Sou infeliz em ser quem sou." Pronto! Cortou o fluxo da abundância. A autoaceitação, tanto no aspecto físico como nas atitudes, no jeito de ser, na sexualidade, é a condição número um para não cortar o fluxo da abundância.

A pessoa que não se aceita tem um hábito muito pernicioso que é viver se comparando aos outros. Nada no Universo é igual. Portanto, qualquer comparação não faz o menor sentido. Comparar-se é antinatural, e tudo que é contra a natureza é prejudicial. Comparar-se aos outros, é rejeitar-se, é desvalorizar-se, é não aceitar sua individualidade, atributo essencial do espírito.

Uma pessoa assim não vai ter a menor chance no amor. Aliás, não vai ter nada na vida. Só solidão, vazio, tédio, desânimo e abandono. A consequência disso é fatal: depressão.

Em geral as pessoas se abalam e até se revoltam com o sofrimento dos outros. Isso é mesquinharia. Será que Deus não está vendo isso? "Esta mulher aqui não tem nada na vida. Aquela numa cama de hospital que não sara nem morre. Será que os guias não podem fazer alguma coisa?" Não. Eles não podem interferir no arbítrio delas. O arbítrio é sagrado e só a pessoa tem o poder sobre ele. Nem o divino pode interferir. Cada um está onde se pôs de acordo com suas escolhas.

O poder está todo em suas mãos. Quando você age com inteligência e lucidez, o sofrimento não aparece na sua vida. Toda dor é fruto da ignorância. Então, use esse poder a seu favor e não contra. A mesquinharia é contra. Quando você se critica, se culpa, ou critica os outros achando que está tudo errado, que o governo não presta, que isso, que aquilo, você está atirando pedra contra si. Essas pedras bloqueiam o fluxo da abundância.

Você está vivendo aqui, comendo aqui, evoluindo aqui, já recebeu muito desta terra que o acolheu e deu-lhe todas as condições para que você pudesse ter um corpo na matéria que abriga um espírito infinitamente poderoso que, sem esse corpo, não teria condições de se expressar na medida em que você expande a consciência.

Aí, você fica na revolta com tudo e com todos? Tem cabimento tamanha mesquinharia? Que atitude limitada e infantil, não acha? Essas atitudes é que limitam seu universo. A mesquinhez faz do seu universo ilimitado um mundinho confinado numa casca de ovo. Então, você fica lutando, apanhando para sair da casca como fazem as aves ao nascerem. Seu espírito não quer que você fique confinado nesse cubículo, porque ele é a expressão divina e quer se manifestar, se expressar em todos os sentidos. Aí, o que ele faz? Provoca-lhe a dor, já que você não usa a inteligência para sair da mesquinhez.

O que são os medos? Mesquinharia. Qualquer tipo de medo fantasioso é mesquinharia. Medo fantasioso é aquele oriundo de uma situação imaginária que não aconteceu. Só existe na cabeça da pessoa, como o medo de amar, de falar em público, de andar de avião. Bem diferente do medo real que serve de precaução, como, por exemplo, o medo de entrar no mar sem saber nadar, medo do fogo, medo de lugar perigoso. A situação é real.

Dentre os medos fantasiosos se destaca o medo da falta. Falta de saúde, falta de companhia, falta de dinheiro. "Não, porque eu preciso economizar, comprar o mais barato, pra ter um futuro melhor pra mim e para meus filhos." A mesquinhez não garante futuro nenhum. Muito ao contrário. É devido a ela que seu futuro estará comprometido. O presente sacrificado faz um futuro sacrificado. Você vai chegar lá com as mesmas crenças e atitudes, provocando os mesmos resultados, ou melhor, piores resultados, porque aí bate a dor da decepção, da frustração, da desilusão, da incompetência. E seu filho? Provavelmente vai torrar a grana que você poupou, já que recebeu de mão beijada.

"Não, porque eu preciso trabalhar pra ter as melhorias." Beleza, mas depende. Você vai trabalhar a favor da corrente da abundância ou no terreno da mesquinhez? Você que já teve tantas provas da providência divina, não tem mais esse direito. Não tem o direito de pensar num amanhã ruim. Depois, quando as coisas se concretizarem na falta, você não sabe o porquê.

Você não pode duvidar do seu amanhã de jeito nenhum, hein? Porque essa mesquinharia arrasa-o, bota você doente numa cama. Diga: "ah, o amanhã não vou imaginar como vai ser porque o futuro tem seus próprios caminhos. Eu confio em mim, porque sou só potencial."

Pare de duvidar de você. Pare de duvidar daquilo que você já tem prova. Já conseguiu tanta coisa, por que não iria conseguir agora?

Quando você senta para comer, não coma com fúria. A impulsividade para comer, a ganância é que engorda. Se você controla, deixando a mesquinharia de lado, curtindo, saboreando aquela delícia, ela é digerida mais facilmente e não engorda. Engolir sem saborear é um crime cósmico, um assassinato, além de uma grande sacanagem com você. Quando você come devagar, na calma, no prazer, sentindo o sabor daquele quindim divino, não engorda, porque você está no luxo do prazer que é coisa da abundância. Você homenageia o que estiver comendo.

A lei da abundância é o prazer de curtir, e ela quer satisfazer sua necessidade. A função dela é o prazer, porque é o prazer que faz a satisfação.

"Ah, hoje só comi salada no almoço." Você estragou a comida que tinha vontade de comer. Você sacaneou o universo porque entrou na mesquinharia, na favela. Fica fazendo dieta, se judiando, e mesmo na hora da dieta come compulsivamente, se desprovendo do prazer de tudo quanto é comida. Você nem imagina, mas quem age dessa maneira, engorda até com água.

Pra que a fúria? Quer emagrecer? Vou passar uma receita: a dieta do Calunga. O Calunga diet. Calunga diet na lei da abundância. Não está na internet, hein gente. "Vou comer só o que gosto, o que eu estou com vontade. Ah, tá uma carinha feia isso aqui!" Não coma.

"Prefiro comer uma banana que está fresca e bonita. Não faz mal e não engorda. Vou fazer uma yoga da satisfação aqui com a comida. Não vou pensar. Vou desligar essa porcaria de celular, não vou ver televisão, não vou prestar atenção. Vou prestar atenção na comida. É hora de comer, é hora de me dar prazer, é hora de alimentar umas necessidades." Isso é uma bênção para o espírito e para você. Contenha sua compulsividade mesquinha e desequilibrada. Eduque-se para tirar o maior valor possível, o maior prazer possível. Isso é abundância.

Quando você estiver comendo assim, não só você vai emagrecer como comer menos e ficar muito satisfeita consigo. Você está fluindo no fluxo da abundância, principalmente com relação à saúde, à juventude, ao bem-estar e à disposição. Pode comer de tudo? Pode. Mas, veja lá como você vai comer. Vai comer com aquele dramalhão, sofrendo? Vai atacar o bacalhau toda louca? Calma! Relaxa! "Ai que bom esta abençoada comida! Olha que linda que tá! Tá dando água na boca."

"Já que estou com tanta vontade, vou fazer direito pra curtir o máximo possível, porque eu não vou me sacanear com este bacalhau. Eu não vou sacanear meu dia com esta feijoada. Vou comer esta feijoada sim, mas eu vou comer fazendo o melhor que ela possa me dar: o prazer e a saúde. Eu não vou mais sacanear meu prazer porque eu estarei cortando a lei da abundância."

Magra come assim, com calma. Acabou! Entendeu seu problema? Acabou o problema! Tudo bem com seu corpo? Tudo bem com seu peso? Tudo bem com o prazer? Não adianta fazer isso, fazer aquilo, pedir isso, pedir aquilo se você está na aflição, na compulsividade. Quando você fica em paz com a coisa, você fica bem e o bem atrai o bem. É a lei. O exterior é o reflexo do interior. Está bem aí dentro, está bem lá fora, não só no peso, mas em todas as áreas da sua vida.

Fale toda hora: calma! Não permita a compulsão agir. Você pode ser apressado no sentido de ser uma pessoa dinâmica, com expediente. Legal. Mas, tudo consciente, porque a compulsividade age. Ela não dá consciência. Nubla e o domina. Não permita nenhum tipo de pensamento mórbido, hein, porque você cai na mesquinharia. Vai ter medo do quê, se a vida o provê de tudo? Você está na força da abundância, ou não?

Quanta mesquinharia com o sexo! A mulherada aqui é fogo. Fica contando quando, como deu, quando não deu, que vai dar, que não vai, dá pela metade, e acaba tudo no toco. Ô mesquinharia, credo! Dê, minha filha, mas dê com prazer, na entrega total. Claro que você vai respeitar uma série de coisas. Não precisa ser algo promíscuo. Vai na abundância, na generosidade. Pelo amor de Deus, não se sacaneie. Depois não sabe por que não deram certo os relacionamentos. Basta um mínimo motivo e já não faz. Há dois tipos de caridade: a caridade falsa e a caridade verdadeira. Caridade falsa é quando se olha como coitado alguém na necessidade. O que é um coitado? "Ah, é um impotente, um incapaz." Pronto! Já avacalhou o cara na sua maneira de olhar. Já entrou na mesquinharia. Você já negou a abundância, a perfeição, as possibilidades e os potenciais daquela criatura só de olhá-la com cara de coitada.

Depois, pra piorar, vai fazer por ela, pra confirmar que realmente ela é isso, e que ela não vai viver sem os outros. Você trabalhou para o sofrimento, para a perdição dela nas trevas da mesquinhez e ela vai odiá-lo, humilhá-lo porque você a humilhou. Você a pôs pra baixo. Você confirmou que ela está lá embaixo.

"Ai, tadinho do meu filho!" Veja lá, hein? Você está ensinando esse menino a ter abundância ou a viver na mesquinharia como um coitado, um desgraçado?

Cada um está onde se põe. Tudo é perfeito. Pena, piedade e dó são sentimentos mesquinhos que precisam ser erradicados da sua vida. Não há vítimas. Como podemos ter pena de alguém que tem todo o poder dentro de si?

Quando você olha para alguém, por mais lastimável que seja sua situação, com sentimento de pena, piedade ou dó, está tirando todo o poder que Deus deu para ele. Está rebaixando mais ainda a condição dele. Está sendo pretensioso achando que Deus errou com ele. Por que será que Deus permite que ele passe por aquela situação? Por que tem que corrigir Deus? Em potencial todos somos iguais, porém diferentes nas manifestações individuais. Uns já desenvolveram certas habilidades, têm a consciência mais expandida, e outros é só uma questão de tempo.

Quando você vir um mendigo, uma pessoa doente, alguém passando necessidades, sofrendo muito, olhe para ela com os olhos do espírito que não julgam, e não com os olhos imediatistas da cara, e perceba que aí tem uma pessoa com todo o poder dentro de si, como você e todo mundo, que ele está passando por aquela experiência momentaneamente, para desenvolver alguma faculdade, alguma virtude, alguma habilidade, porque tudo é útil.

Assim, você não estará tirando o poder e a dignidade dela. Não a estará colocando ainda mais para baixo. Ao contrário, estará elevando-a. Estará trocando a pena, a piedade e o dó, por um sentimento muito sublime, que vem da alma, chamado compaixão. Sua energia dirigida a ela não será tóxica, mas nutritiva. A alma dela perceberá e vai tratar de instigá-la a mudar crenças e atitudes, melhorando, consequentemente, sua vida e a vida dela.

Na verdadeira caridade, eu jamais olho para trás. Está lá a pessoa naquela situação deplorável, mas tudo bem. Vou fazer o bem, mas, com inteligência, como a lei da abundância manda. Vou fazer o suficiente.

E o que é o suficiente? Primeiro, eu vou olhar para a pessoa e vejo aí um ser que tem capacidade. Eu acredito em você. Como um bom espiritualista faz numa palestra. Ele ensina porque acredita na capacidade dos ouvintes. Ele não os humilha. Ele reconhece a verdade divina em cada um, porque todo mundo é obra divina. Ele acredita na capacidade de sua ação, e promove as pessoas.

A primeira coisa de que a pessoa necessitada precisa é da confiança nela, senão, não há nada a se fazer. Deixa pra lá, que ela ainda não tem acesso à sua ajuda. Quando é assim, qualquer coisa que você fizer no sentido de ajudá-la é assistencialismo, que piora ainda mais a situação dela.

Agora, se você perceber que a pessoa confia em si, vá em frente, porque a estará promovendo. A promoção leva pra frente, e essa pessoa vai amar você. Ela vai reconhecê-lo, agradecê-lo e ficar feliz, porque você a pôs pra cima. Isso é uma obra perfeita.

A gratidão é o reconhecimento da bênção recebida. A pessoa só reconhece quando ela tiver recebido uma bênção. Quando você dá tudo na mão dela, tirando-a daqueles apuros, com dinheiro, com coisas, se preocupando, fazendo tudo pra ela, e tratando-a como o uma débil mental, você não a promove, não satisfaz e continua nutrindo as necessidades dela, a incapacidade dela.

Você age na mesquinharia e vai receber dessa pessoa mesquinharia, traição e desprezo. É assim que acontece com os guias espirituais. Eles só agem se a pessoa estiver reagente, dando condições e se aquilo for uma bênção. Então, a verdadeira caridade é assim. Fora disso, não é caridade, é mesquinharia. No Brasil isso é muito comum. Por mais que o brasileiro se considere uma pessoa de sentimento, pode ser que até por trás tenha mesmo um sentimento, mas o ato continua sendo um crime, que lesa e que não promove.

O comportamento abundante é um comportamento autopromotor. "Eu confio em mim. Eu vou tentar um milhão de vezes. Eu hei de conseguir, pois eu sou assim, porque eu confio, porque eu tenho." Isso é promover você. Isso é abundância. Isso o coloca na lei da abundância.

Eu poderia falar sobre o assunto por uma semana e sei que você nunca considerou como uma mesquinharia.

Quer ver mais um exemplo tão comum? A insegurança. Por que você está inseguro? Porque não confia em si, muito menos na lei da abundância.

Vamos fazer um exercício prático. Feche os olhos. Eu quero agora que você identifique quando é que está ligado na abundância cósmica. Lembre-se de um momento na sua vida em que você sentiu que a graça de Deus, um milagre, veio pra você e transformou a situação. Conforme você se lembra, repare nas sensações que mudam no seu corpo. Como é que você se sente quando está ligado no fluxo da abundância? Pense o quanto foi sortudo naquela situação. Você ficou se sentindo o máximo. É tão bom, não é? Só de pensar na coisa já sente que até se comove. É sublime, espiritual, é maior que tudo.

Este tipo de técnica é a melhor, porque sentindo no corpo, mexe com a memória física, e o subconsciente, a parte sombra de nosso espírito responsável pela materialização, é sensibilizado.

Espiritualidade é isso. É um perfeito acordo e fluxo com a inteligência divina. Se você está nisso está no espiritual. Fora disso não é espiritual. Depende de religião? Não. Um materialista pode sentir isso? Pode. Tem tanta gente milionária que vive na fartura, com crenças completamente diferentes, inclusive ateus. Se está na postura, tem. Se não está, não tem. Por isso que a gente, aqui mais fora da matéria, insiste tanto no "tudo em mim, tudo em mim".

"Daqui pra frente não vou olhar nada, decidir nada, pensar em nada, tomar nenhuma decisão se eu não estiver nessa sintonia, porque fora disso tudo vai estar na mesquinharia, e eu não quero olhar por este ângulo, senão, não vou ativar os recursos para poder conseguir o melhor da vida."

Não há mais situações insolúveis, gente. Não há mais problemas. É só entrar na abundância que a transformação se processa. Já vai abençoá-lo, porque ela está lá com mil recursos para abençoá-lo de ideias, de visão sobre tudo que você estiver precisando naquele instante. Mas, se você entrar no medo, na insegurança, no nervosismo, na impaciência, na reclamação, na chateação, na raiva, corta o fluxo, porque você entrou na mesquinharia.

Pegue qualquer situação chata que se apresente, pense na bênção que você recebeu numa situação maravilhosa do passado, entre na sintonia daquilo. Seu corpo vai se sentir bem, o que significa que você sintonizou a abundância, e diga: "eu sou só abundância; eu sou o vaso escolhido; eu sou a pessoa mais sortuda da Terra, porque todas as minhas necessidades o universo tem em abundância para satisfazê-las agora; já estou ótimo, como tantas vezes já estive e isso pra mim não é coisa nova."

Estou rezando? Não. Estou pedindo? Não. Estar na providência divina é melhor e muitíssimo mais eficiente que isso. Quando meu corpo sente o prazer, o alívio, a alegria, a satisfação, significa que estou contatando o espiritual e, consequentemente, a divina providência. É como se eu estivesse falando com a inteligência de Deus.

Você já perguntou à providência divina do que precisa para estar mais com ela? Você sempre está querendo abrir os caminhos, não está? Então, pergunte. A hora é agora. "Do que eu preciso, divina providência, para estar mais com você? Qual é a minha pior mesquinhez que me afasta de você?" A resposta vem pra você se programar a não mais permitir isso. Há várias, mas a que mais precisa trabalhar vem com mais nitidez. Depois, pode dizer: "eu quero que você me mostre o resto, e quero mesmo, com humildade."

Você não queria a luz? Se abra para a luz, vamos. Ela se manifesta. É o que mais seu espírito quer de você, para sua consciência se expandir cada vez mais e ele possa expressar todas as realizações possíveis e imagináveis através de você.

Antes de reencarnar você tinha isso. Quando vem pra matéria densa, a consciência coletiva do mundo o confunde, você entra nas crenças dela e o leva para o emaranhado das mesquinharias e acredita que é real.

Agora, estou ensinando-o a voltar pra casa e a compreender que permanecendo aqui vai conseguir fazer tudo que precise. Portanto, não deixe as influências do mundo carregá-lo, hein, porque a tentação é forte.

Gratidão

A maneira mais comum e fácil de nutrir a permanência na abundância, no fluxo da providência divina, na prosperidade, é especificamente a gratidão. Tecnicamente significa reconhecer todo o bem que você já recebeu, mas não é só isso. É preciso ter prazer com tudo que possa lhe dar prazer. Quem não tem prazer com o que tem está negando o que tem.

A satisfação é importante para a providência que está provendo as necessidades. Se você não tem satisfação, ela não sabe que você a está usando bem, mas se você tem satisfação você está alimentando-a.

Cada vez que você vai tomar um café e ficar admirando aquela xícara que tem em casa, com o prazer de tê-la, já está fazendo prosperidade, espiritualidade. O ato de admirá-la é próspero.

O ato de ficar feliz com ela é próspero. Aquele objeto que você tem na sua casa de que você gosta, quantas vezes você parou para vê-lo? Você precisa praticar o prazer como forma de reconhecimento, de bênção. Por quê? Porque aquele que reconhece, que no fundo agradece, mais valoriza e quem mais valoriza, mais atrai valores.

Quem tem mais, mais vai receber. É a lei da abundância, mas como é que se tem mais? O que é ter? Ter não é só possuir. Ter é curtir, porque nada é nosso, tudo fica. E o que é nosso? A oportunidade de usufruir. Então, se você está usufruindo com prazer, se está satisfazendo-lhe, a abundância está mandando mais, chamando mais, porque nada é seu, tudo vai embora, tudo se perde, tudo quebra, tudo fica velho, tudo desaparece. As coisas são usufrutos temporários.

Toda vez que você entrar no seu carro, não aja no automático. Curta entrando nele, a cor, o cheiro, o conforto. "Ai que carro gostoso! Puxa que alegria eu tenho em possuir você! Como você facilita minha vida! Ai, como sou rico! Ai, como é boa a abundância! Ai, como a vida é boa!" Quando você curte, está agradecendo, reconhecendo.

Quanto mais você fizer isso, de repente aquilo que faltava começa a vir, pois você não se preocupa com o fato, porque não falta nada na sua vida. Não entre nessa mesquinharia de achar que falta algo na sua vida. "Ah, porque não tenho isso, não tenho aquilo." Já começa a se sentir coitado, coisa de mesquinho. Não aceite o coitado, esse negócio de pena de si. "Olhando com pente fino, a minha vida tem um monte de coisa boa. Vou parar com esse negócio de coitado. Não me permito mais, porque isso aí é nocivo com tudo que estou planejando pra mim."

Você não pode entrar nessa brincadeira mais. Está maduro, não pode negar a lei da abundância, porque já está envolvido com tanta coisa, tanta ajuda, sua profissão, sua vida emocional, seus planos. "Ah, não. Estou aqui nas minhas coisas e não vou me preocupar mais. Tô fazendo uma festa pro universo. Ei, universo, vou comer este quindim com todo prazer, sem compulsividade. Essa semana que me aguarde. Vou fazer a dieta do Calunga diet."

Isso é um rito espiritual, gente. "Fiz o caldinho de feijão, consagrei, agora vou saborear cada colher. Tô reverenciando a abundância, tô curtindo, tô sentindo gratidão, tô me sentindo rica, maravilhosa com este caldinho de feijão."

Você tem uma necessidade tão grande de prazer, uma carência de tudo, vivendo numa situação tal que se põe de mesquinho. E essa mesquinhez faz com que se sinta ainda mais carente, e aí entra no círculo vicioso. É preciso interromper esse círculo. O duro não é não ter. É não reconhecer. Então, o que adianta ter? O que adianta amanhã ter se você é péssimo para curtir?

Você não está curtindo com satisfação as amizades, os parentes que tem? Você não é bom de curtir? Olha que esse desperdício vai passar e colocá-lo na condição de miserável, de coitado de mim, de solitário. Bom, a escolha é sua.

Como você vai querer um jardim se não sabe curtir um botão de rosa? Se lembra que a natureza não desperdiça? A vida não vai investir numa pessoa dando-lhe um jardim, se essa pessoa nem sabe curtir uma flor. Você nem está feliz com o que tem, como vai atrair tudo bonitinho? No dia em que você estiver lá, curtindo tudo, muito no fluxo, vêm as coisas melhores, porque o fluxo da abundância não para.

Você só fala com Deus quando é para pedir? Que coisa mais feia, mais infantil! Que pobreza de espírito!

Deus já deu tudo, por que você não pega? Ele não vai dar o que já deu. Você já agradeceu o que tem? Já se considerou uma pessoa afortunada por tanta coisa que já tem? Já se deu os parabéns pelas coisas que vieram porque você estava no fluxo da prosperidade? Deu um crédito pra si? Porque elas não vieram de graça. Alguma coisa você fez para merecê-las.

Já ouviu dizerem que dinheiro atrai dinheiro, não? É a mais pura verdade. Reconhecimento atrai reconhecimento, gratidão atrai gratidão, amor atrai amor, e afeto atrai afeto, mas não precisa ficar puxando o saco de todo mundo. Não é isso. Muito ao contrário, porque isso não é sincero.

Dentro de você tem muita coisa boa. Por que você não dispõe? Fica aí guardando pra quem essa economia afetiva? Não precisa dar confiança, precisa dar afeto. Com que ternura se manifesta com os amigos? Se entrose um pouco com quem é mais afim, converse, troque figurinha. Saia desse isolamento. Depois, de tão isolado, rejeita todo mundo, fica esnobe e vai entrar na mesquinhez dizendo que foi rejeitado.

Eu confio muito que tudo o que estou dizendo faça uma transformação benéfica em seu fluxo da abundância, em seu destino, abrindo caminhos pra tudo no sentido de suprir suas necessidades, até o mais absurdo dos sonhos.

Se você estiver no fluxo, não há motivo nenhum para o universo negar, apenas que você está numas crenças e atitudes que não permitem o fluir, mas você tem a faca e o queijo na mão para conseguir.

Se o seu espírito fez com que você atraísse o que estou dizendo, é porque ele acredita em você, e sente que tem condições, senão você não estaria lendo este livro.

2

A compulsão e o amor

O que é uma compulsão? É uma necessidade não satisfeita, então ela começa a fazer pressão. Essa pressão vai muito além da sua vontade. Quando você percebe, já foi. Você não quer, mas aquilo está lá insistindo. Por que essa compulsão?

Às vezes, você até já entendeu, já está tentando se livrar, mas a compulsão diz: tem uma necessidade inerente que não está sento satisfeita.

Há duas formas de não satisfazer as necessidades. A primeira é relevando: "ah, não tenho necessidade". E joga embaixo do tapete. O nome disso é recalque. É claro que mais tarde esse recalque vai vir à tona com mais pressão ainda.

A segunda, que é a mais comum, é procurar tentar fazê-la de forma errada. Por quê? Porque você não olha pelo ângulo da necessidade. Se você olhar sua vida, em tudo que você fez, não importa

53

como, onde, porque foi movido por uma necessidade. Muita coisa até conseguiu solucionar, outras você arrumou mais rolo do que solução, ou satisfação. "Ah, preciso resolver esse processo, pois não andou nada."

Você não percebeu, mas tem dezenas de compulsões. Qualquer pensamento viciado é uma compulsão. Não é o pensamento que é viciado, mas, o fato que emerge devido à necessidade não satisfeita e o corpo reclama.

Cada compulsão se refere a uma necessidade específica não satisfeita. Você fica acometido de cada coisa mórbida sem querer, não é isso? Há uma compulsão aí. "Ah, eu vou fazer tal coisa". Já vem o medo. Medo é compulsão.

Então, você precisa descobrir qual a necessidade que está por trás da compulsão. Vamos falar da sua vida afetiva. Você realmente está satisfeita com ela? Seja sincera. "Ah, não estou satisfeita. Estou carente. Que necessidade é essa que ainda não acertei? O que preciso acertar?" Vai lá, como se fosse um médico abrindo o estômago para ver o que tem lá dentro. Vai tranquila, lúcida, sem julgamento, sem nenhum drama, nenhuma emoção, só olhando para entender, inteligentemente.

Vai focando, focando que ela vai ficando mais clara. Eu tenho a necessidade de.... amor? Carinho? O que mais? Eu tenho necessidade de... preencher alguma coisa. Toda carência vai falar. É como o estômago vazio. A fome é uma carência que diz que o estômago está vazio. Então, toda carência, toda necessidade, sempre dá uma ideia de preencher alguma coisa.

Quando você sente fome, num sábado frio, e vem a vontade de comer uma feijoada, o que você vai fazer pra se sentir plenamente satisfeita após o almoço? Vai comer a feijoada, não vai? Um macarrão não daria uma satisfação plena. Então, você come aquela feijoada deliciosa, ainda mais com uma caipirinha antes, vai se sentir bem alimentada, ficar feliz, contar piada e rir bastante.

Isso é característico de toda a necessidade que foi atendida da maneira certa, não é isso? É a sensação de felicidade, que além de saciar a fome, é também de comer certos alimentos de determinados sabores que dão prazer. A sensação de saciedade é completa, plena.

Claro que a necessidade vai voltar, o que é próprio das necessidades fisiológicas, mas naquela vez foi plenamente satisfeita. Não há o que reparar ou completar.

Porém, a mente pode estragar tudo. Basta pintar uma culpinha, pronto! Eis a mesquinhez botando tudo por água abaixo. Ou seja, depende muito da maneira como você recebeu aquela abundância que veio suprir a necessidade.

Entretanto, eu quero saber qual é a bendita carência afetiva que você tentou a vida inteira resolver e não foi suficiente. É o desafio da sua encarnação. Está aí atazanando sua vida desde que o assunto veio à consciência, e sabe-se lá quantas encarnações vem batendo nessa tecla.

Como é essa necessidade de amor? Como é esse amor? Como é a necessidade de ser amada? Você pode se imaginar com essa necessidade satisfeita? Sendo amada? Tendo alguém que a ame? Pois eu digo que não é apenas isso. Você não estaria plenamente satisfeita.

O amor do outro ainda não é a necessidade verdadeira. O amor do outro ainda não é a satisfação da necessidade. Preste bem atenção. A sua necessidade não é de ser amada, mas de amar. Você não vai atrair um amor plenamente satisfatório se não souber amar. A vida não desperdiça, se lembra?

Esse joguinho recomeça — digo recomeça porque isso já vem de vidas anteriores — desde criança, quando você ouviu da mãezinha querida: "mamãe não vai te amar se você não fizer assim. Os outros não vão gostar de você." Você tem que ser bonita, boa, educada, inteligente, forte, pra ser amada. Ou seja, começa uma doutrinação de pôr condições pra receber amor e tudo mais.

Dizer que você errou não é bem o termo. O certo é que você aprendeu errado, continua errando, agindo de forma infantil, porque não amadureceu. Então, o que você precisa é se amar, porém, ainda não está em condições, não com a vida que você teve. Nem precisa falar muito sobre esse assunto, porque você conhece de cor e salteado, não é mesmo? Acreditou tanto que era assim, entrou em cada gelada que está arrebentada até hoje, que se recusa a pensar no assunto.

A carência cresceu tanto que virou uma compulsão maior que a própria carência, mesmo se recusando a pensar na afetividade. Não adianta fugir, pôr embaixo do tapete, relevar, contemporizar. O corpo vai reclamar, e se você insistir em relevar, vai virar doença. E o que é a doença? É o corpo dizendo: "olha o que você está fazendo contra mim."

Se você fizer alguma coisa de verdade em que role o seu amor, você sai satisfeita.

É só isso que você quer. Só você é que sente o amor, porque ninguém sente o amor do outro. Ao amar você, os outros podem até ter algumas vantagens, depende da pessoa que ama. Tem umas que só incomodam quando amam, porque não amam coisa nenhuma. Só querem, querem, querem, que aquilo vira um tormento. "Eu quero seu amor para eu me sentir um pouco mais segura, para que eu possa deixar sair um pouquinho o meu." Ou seja, tudo no condicional.

Você trata seu amor no condicional, pois assim aprendeu, porque não banca seu amor. Os outros têm que bancar. "O outro tem que ser legalzinho, senão eu não amo mais." É por isso que está cada vez mais na secura, na carência.

Na verdade, sua carência é de sentir amor. Quando o amor passa em você, o fenômeno acontece. Quando ele vem e você se desmancha é uma sensação extraordinária. O amor por alguém, um animal, ou qualquer coisa, é uma sensação que primeiro vem preencher a carência, depois é uma sensação deslumbrante como uma boa feijoada é para sua fome.

Até hoje você vem trabalhando para ser amada e encontrar alguém na sua vida. Sinto muito, mas essa pessoa não existe pra você. Por quê? Porque há leis. Só quem tem, vai atrair quem dá. Quem não tem, vai atrair quem não dá. Se você não sente primeiro o amor aí dentro para atrair o amor do outro, não vai ter.

Então, quando você pode ter um intercurso com alguém, se obviamente você gosta dele e ele gosta de você, na verdade não tem amor, não porque você não se ama, mas porque você não deixa o amor fluir naturalmente. É o seu problema número um. Não é porque foi machucada, porque tem uma história, mas, tudo que você fez que deu errado foi porque você condicionou o sentimento de amor, e o amor é incondicional.

Por exemplo, lembra daquele relacionamento que você gostou e que não deu certo? Que não quer mais ver a pessoa na vida? Só que sua alma ainda gosta daquele cafajeste. O que quer dizer isso? Que a sua alma vai gostar para sempre. Ela está pouco ligando pelo que aconteceu. Ela tem a ver com o rolo que você criou? O erro foi da cabeça e não da alma. Você condiciona o seu afeto. "Eu gosto de você, então tem que ser assim, assado. Eu só vou gostar de quem gosta de mim."

Você aceitou as regras. Mas, que vantagem vai ter se o outro gostar de você? Nenhuma. Você não vai viver com o que a pessoa sente. Que diferença faz para a plantinha se você sente amor por ela? Ela só pode se vivificar com a aguinha, mas quem está sentindo o amor? Quem está desfrutando o prazer? Quem fica preenchida e maravilhada quando vai ter com a plantinha? Você, não ela.

O importante é que você tem que dissociar de tudo se quiser preencher suas necessidades afetivas. Não tem que fazer nada e não depende de nada. Você só tem que se deixar gostar.

Quando você gosta, pode agir, mas pode não fazer nada. Lembra agora daquele cara de que você gostou? Vamos lá. Feche os olhos. Agora, sinta o prazer. Não tem que fazer nada. Não tem que mudar um milímetro da sua vida. Satisfaça sua necessidade. Não tem que sonhar, não tem que planejar nada. Apenas goste. Não ponha condição nenhuma. Não invente. Só goste. É só uma sensação da sua alma. "Ah, mas eu não quero nem pensar." Não é para pensar, não é para trazer as recordações. É só para sentir. A alma só sente. Vamos, confie na sua alma. Deixe rolar, você está precisando. É só deixar fluir. Não tem problema nenhum.

Diga: "eu gosto de gostar. Não tenho comprometimento nenhum." Pare de se comprometer, de fantasiar, de ficar em cima. É só uma sensação no peito que cria um estado, um fluxo do seu espírito. É só isso. Não tem perigo nenhum, não tem que fazer nada. "Amo, uai! Só amo. Amor é só meu prazer. Ninguém sente o que eu sinto agora, nem nunca vai sentir."

Não importa onde esteja, onde foi, quem é, quem foi, não importa nada. Até quem já morreu. Faça isso com tudo e com todos, inclusive os parentes. "Eu gosto, porque é gostoso gostar. Eu amo porque amo amar. Não imponho a mínima condição para gostar e para amar."

"Amo mais a cachorra que meu filho." Não faz mal. Tudo bem. Não questione. Alma é alma. Cada sentimento é uma coisa, cabeça é outra, inteligência é outra. Você só precisa deixar fluir o sentimento. "Amo e tudo bem." Só precisa disso para curar sua carência afetiva. Só precisa amar sem condição para satisfazer sua necessidade afetiva.

O amor sente vontade de se sentir toda hora. Aí, a alma vai se manifestar e vai suprir as necessidades de expressão do espírito. Você vai se sentir completa, plena, tão feliz e realizada. Não tem nada a ver com ninguém, nem com que os outros fazem ou deixam de fazer. Amar é um privilégio.

Se você botar em prática isso, vai formar um ambiente interior tão prazeroso, vai fluir uma energia tão maravilhosa que só vai atrair pessoas maravilhosas e repelir as agressivas, porque o exterior é o reflexo do interior. Amor atrai amor.

"Amar é minha necessidade. Me deixar amar e sustentar meu amor é minha necessidade espiritual e humana." Não tem nada a ver com o resto, nem com a família. É tão simples como tudo é.

Amar é uma arte, à medida que a sociedade nos orientou para ter o amor dos outros, em vez de nos orientar a sentir o amor. Isso atrapalhou toda a nossa realização, inclusive a manifestação de mais amor na humanidade. Todo mundo diz que falta amor entre as pessoas, mas está tudo errado. Falta cada um amar sem exigir o amor do outro.

Seja você a primeira a corrigir essa falha, pelo menos por suas necessidades. Sua vida afetiva vai se equilibrar e também vai equilibrar toda a sua estrutura metabólica, a começar pela corrente sanguínea, a psique e a mente. Essa energia de amor é fundamental na estruturação do equilíbrio integral e vem direto do centro maior da gente que é o espírito. Ele organiza tudo. É a luz maior na gente que organiza todos os corpos.

Assim, temos uma função restauradora, mantenedora de altíssima capacidade que cura um milhão de problemas decorrentes da falta dessa energia, que nos transforma numa outra criatura, muito mais poderosa. Por isso eu amo todos vocês com facilidade, vagabundamente sem o menor escrúpulo, porque não faço nada. Só gosto, só amo. "Ah, mas isso não interfere no seu modo de agir?" Sempre, porque eu amo sempre todos. Então, cada palestra, cada curso, cada vez que eu apareço, venho vivendo a minha própria vida, meus próprios sentimentos e me satisfaço assim.

Você só ama gente boa? Eu amo qualquer um, até bandido, bêbado, mendigo, ladrão. Eu não imponho condição nenhuma. Eu amo você, mesmo que não aprove suas atitudes. O amor tem muitas dimensões. Se abri-lo, ele vai sentir uma coisa diferente por cada pessoa, cada situação e vai sempre estar ali, porque é um poder do seu espírito. O Gasparetto xinga e vocês gostam, não? É porque tem amor.

Quando você está com amor, fazendo qualquer coisa, é um capricho, é um prazer enorme porque está rolando aquela energia boa, e você está na maior curtição, lavando uma louça, por exemplo. Não é que dá prazer. O amor é o prazer. Já é como ele se manifesta em todos os níveis. No nível do bicho interior é uma coisa, no nível do afeto é outra, no nível mental é outra, tudo ele permeia. Ele tem alma.

Aliás, é a própria alma, a parte do espírito responsável pelos sensos, pelos bons sentimentos. Então, o espírito transforma todas as áreas da sua vida quando o amor flui. Ele tem uma necessidade, não só no corpo emocional, mas no corpo mental, no corpo físico, no corpo sexual e se espalha harmonizando a área da saúde, afetiva, profissional, financeira e dos relacionamentos. Tudo que você tem, tem uma relação com ele. Há quem goste de dizer que o universo é feito de amor. Essa visão é compactuada também pelos espiritualistas.

O amor une e lava multidões do pecado, ou seja, desconstrói tudo aquilo que é ausência dele, porque ele é generosidade pura, e se ele é assim, é a própria lei da abundância. Então, ele lida com a prosperidade, porque a generosidade não existe se ele não estiver por trás.

Quando você vir uma pessoa falar uma bobagem qualquer, passe, disfarce, releve e não faça nada. Isso é muito elegante. É muito sublime. Você não vai transcender a vida e as prisões da materialidade, da mentalidade que o envolve, sem satisfazer essa necessidade sua. Deixe-se amar, sem se importar o que, nem quem, até mesmo quem você odeia. O ódio não tem nada a ver com o amor, nem é o oposto. Ódio é uma emoção que sentimos de alguém porque não faz ou não é aquilo que queremos, porque estamos na ilusão.

Se você não tiver ilusão nenhuma, vai gostar mesmo daquela vagabunda, daquela salafrária sem-vergonha. Pra que criar conflito? Porque você acha que tem, mas não tem nada. Você está na ilusão. "Ah, eu só gosto e não tenho que agir de acordo com aquilo. Posso, mas não tenho." Sustente apenas porque você gosta, porque lhe faz bem, porque você se sente bem. Se sente uma pessoa boa, limpa, humana. Não é gostoso? Não é bonito?

Pode ver. Quando você está nessa coisa do amor, somem todos os medos. O medo é a manifestação de uma carência mal atendida, gerando uma compulsão obsessiva. Tudo que é assim denota uma necessidade desviada, como no caso da carência do amor que perturba e se apresenta de forma psicopatológica, ou mórbida dentro da gente. E não adianta ficar lidando com a morbidez. É você que não entendeu a necessidade de ir atrás e perceber que tinha entendido errado para corrigir e começar a se satisfazer para se livrar dela. Agora você pode se livrar porque você tem muito amor.

Vamos lá. "Ah, eu me permito sentir. Ah, eu me permito sentir sem querer nada em troca e nem fazer nada a respeito." É preciso treinar já que isso ainda está cru em sua vida. Tire a cabeça errada do meio, porque você não pode ficar nisso. Não perca sua motivação. Quando você perde a motivação, fica feia, perde a luz, perde seu espírito, sua elegância, falta sentido na vida, fica no tédio e entra em crise.

A lei é para todos, grandes, pequenos, ricos pobres. O amor é como o sol que nasceu para todos. Cada um é importante na lei da individualidade. Não importa, você que gosta de comparar.

Para a lei do amor e da individualidade não tem isso de comparação.

O bom do amor é amar. Fora disso você não sente nada. Todo mundo a ama, e daí? Mesmo assim vai dormir vazia com o amor de todo mundo e aí dentro tem um buraco que não tem fundo e nunca se preenche, porque seu amor não flui de dentro pra fora, enquanto você fica insistindo em preencher de fora pra dentro. Não vai conseguir nunca. Vai é arrumar uma depressão profunda.

Quando você tem o amor fluindo, você está presente, vivendo intensamente. Olhe aí dentro. Sintonize o amor e veja como ele é contente, alegre. Não é eufórico, não é exaltado. É altamente confortante e pacífico. Não é outra coisa senão sua necessidade sendo satisfeita.

"Ah, porque sempre quem ama é bonzinho." Não comece a misturar. Para! Onde você aprendeu tamanha besteira? Jogue fora isso. A alma nunca exigiu nada. A alma, para amar, não tem que nada. Tudo isso é mentira. "Não, porque sou mãe, tenho de fazer isso, porque sou pai e tenho de fazer aquilo." Não tem que fazer nada. Só tem que amar.

O amor faz milagres. A fonte dos milagres está aí com você. Permita a água jorrar. "Ah, meu manancial é infinito! Minha fonte é do tamanho do universo." Beba dessa fonte a todo segundo. Mate essa sede que sempre se mostrou insaciável devido às suas mesquinharias e compulsões. Beba, mas beba bastante, que essa água harmoniza absolutamente tudo em sua vida, o passado, o presente e o futuro, já que o amor é atemporal.

"Pronto! Não preciso mais da atenção dos outros. Oba! Acabaram-se as carências. O que eu gosto mesmo é de gostar. O que eu amo mesmo é amar."

Quanto mais você fizer isso, de repente aquilo que queria começa a vir, porque você não se preocupa com o fato, pois não falta nada na sua vida. Não entre nessa mesquinharia de achar que falta algo na sua vida. "Ah, porque não tenho isso, não tenho aquilo." Já começa a se sentir coitado, coisa de mesquinho. Não aceite o coitado, esse negócio de pena de si. Aceite apenas que você ama amar.

Diga: agora estou entendendo esse negócio de necessidades. Passei a vida toda tentando satisfazê-las e não obtive êxito, pelo menos nas mais importantes. Enfim, encontrei o pote de ouro no fim do arco-íris. Eu nunca estive errado. Apenas não achava o caminho adequado porque estava escondido pelas minhas ilusões. Agora o vejo sem obstáculo nenhum. Vejo à minha frente uma estrada larga que se perde no horizonte, onde meu arco-íris se apresenta cada vez mais colorido, porque as cores do amor são nítidas e vivas.

Eu comungo com Deus no amor. Eu comungo com a Consciência Cósmica da abundância. E nessa estrada, que é pura magia, eu caminho na paz constante, sem preocupações, sem conflitos, apenas deixando fluir meu amor, que, quanto mais flui, mais a paisagem se torna deslumbrante e mais o horizonte se mostra belo.

3

Seu direito de sentir dor

É preciso aprender cada vez mais a lidar com você, o que também implica em aprender a lidar com as coisas de fora. Dentro ou fora, tudo está aí dentro. Você sabe que nunca confronta o mundo, mas você diante de uma situação conforme sua maneira de pensar, de sentir, de reagir. O que você pode fazer, o que não pode, como não complicar, como resolver, tudo é aí dentro de você.

A situação está lá. Às vezes você muda de ângulo, toda a situação muda para você, não é verdade? Assim, você vai percebendo que tudo é dentro de si. Isso ninguém o ensinou, ou, então, aprendeu errado, e agora fica no prejuízo e, para aprender, se não tiver o auxílio de um livro, de alguém, de um curso, de uma palestra, vai aprender muito lentamente, aos trancos e barrancos, apanhando da vida. Ninguém gosta de aprender assim, não é verdade?

Você aprendeu a ter uma ideia muito errada a seu respeito. Por que errada? Porque lhe deram um modelo, um padrão de como é ser uma mulher, ser um homem, ser uma mãe, um filho, um profissional, aquelas coisas. Assim, você foi colando dos outros, porque tem olhos e olha muitas vezes para o lugar errado. Tem inveja de um, admira o outro e quer copiar. Nesse copiar não percebeu e não percebe que está voltado para a vida de fora e que a vida de dentro não tem nada a ver com o que você aprendeu.

Você aprendeu a exigir de você, por exemplo, ter equilíbrio. "Seja uma pessoa equilibrada!" O que é ser uma pessoa equilibrada? Sempre a mesma. Tente, veja se consegue. Há muitos lados em nós. Há uma diversidade interior muito grande. Há muitos "eus", muitos sistemas com funções e apelos diferentes, com reações diferentes, situações diferentes.

O mundo interior precisa do seu apoio e a cabeça não está dando condições.

Outro exemplo: você aprendeu que não pode ficar com raiva, mas fica. Não pode ter vergonha e nem mostrar que está com vergonha, mas está. Não pode chorar porque tem que ser positivo vinte e quatro horas por dia. Você não pode ficar triste, depressivo, melancólico. Tem que fingir o tempo todo. Não pode brigar com tudo, se queixar, mas acontece, não é verdade?

Sinto muito, mas vai continuar acontecendo. Por quê? Porque é humano. Você não pode deixar de ser o que você é. Então, qual a diferença entre uma pessoa que não aprendeu nada a respeito disso e você que já estudou, experienciou e continua querendo aprender? É que você aprende a lidar melhor. Tendo consciência, tudo fica mais fácil.

A natureza nos provê de uma riqueza extraordinária de sensações e expressões, sentimentos incríveis, em cada minuto que você tem e que nunca teve. Primeiro erro é ficar admirado. "Ai, o que é isso?" Pinta uma coisa diferente já fica no medo. "Ai, meu Deus!" O diferente vem toda hora.

Se vem um pouco mais forte já fica aflito porque está condicionado a se assustar. "Ai, disparou o coração!" E você acha que pode fazer alguma coisa, segurar?

Nosso ser tem múltiplas necessidades e precisa ser expresso do nosso sistema. O que é expressar? É sair do estado de latência e viver, existir, na consciência. A vida é uma expressão do espírito. Os corpos servem para o espírito se expressar, senão, não tem existência, não tem consciência. Na verdade, o que acontece é que não deixamos ser e expressar muita coisa. Como não temos educação para apoiar e compreender isso, enfiamos debaixo do tapete aquilo que por alguma razão é considerado inadequado.

O que se acumula no sistema vai exigir expressão de um jeito ou de outro, e o que foi negligenciado vai forçar a barra para ser expresso. O nome disso é pedra no rim, câncer, distúrbio neurológico, hipertensão, diabetes, enfim, dores físicas. Ora, a vida é só expressão, mas você foi ensinado a exigir, a empurrar com a barriga, a contemporizar, enquanto sente como se a natureza não tivesse razões para estar naquilo.

Você ainda vai sentir dor na vida. Há muitos tipos de dor. Você não conhece nem um décimo delas. Tudo é feito em nós e para nós. Tudo é vida. Há também centenas de tipos de alegrias e sensações extraordinárias que você ainda não sentiu, mas, um dia vai sentir, porque muita coisa vai se expressar.

Há sensações que se expressam em dor, mas nem sempre a dor é ruim. Às vezes a tristeza, a melancolia é considerada horrível, mas ao mesmo tempo dá certo prazer estar naquela tristeza. Os poetas sabem muito bem do que estou falando.

Não o ensinaram a fazer-lhe companhia nesse mundo incrível que acontece sem parar aí dentro de você. Cada um vai viver o que viverá, mas como viverá é opção do arbítrio.

Agora, vou ensiná-lo a se tornar um agente facilitador do seu processo, para que possa passar pelas situações de uma maneira melhor, mais proveitosa, para que haja uma vivência.

Você não pode sentir a extensão e o brilho da alegria, se não sentiu a extensão e a profundidade da tristeza. Sua capacidade de ser alegre é limitada. Não é maior, por mais que você force, porque ainda não experimentou a tristeza em sua intensidade e pureza, sabotando-a com fugas, consolos, justificativas, para não senti-la. Quanto mais você experimentar as tristezas, mais profundamente vai sentir as alegrias de espécies que nem imagina.

Sinto muito, mas a sua ideia de felicidade dançou. Aquela ideia de tudo resolvido vivendo uma vida cor-de-rosa, já era. Estou descrevendo o fenômeno da vida como ela é, não impondo, mas convidando-o para uma reflexão e observação, porque você já ficou muito decepcionado na sua felicidade. Por outro lado, a ideia de que tudo é uma desgraça e infortúnio também é falsa. É apenas a vida como ela é.

Quando você se ilude, tipo "eu vou ter uma pessoa para sempre" e não tem, ao partir aquela pessoa, você vivencia a dor da perda. Se tivesse outra postura, a dor não existiria, não é mesmo? Teria havido usufruto da situação. A despedida seria um recomeço em outros tempos.

O próprio processo flui e nisso você seria um facilitador pois, apesar da perda, continua a amando com a alma que não impõe condições para amar. Você não se apega na ilusão. Não há dor no desligamento, apenas uma sensação de transformação que tem um sentimento completamente diferente que transforma a qualidade do amor que você sentia pela pessoa. É outro tipo de sabor de todas as coisas, sem que haja necessariamente uma tragédia.

No caso, a ilusão causa uma tragédia, seguida de uma dor que pode ser terrível. O facilitador sabe disso e vai atrás de uma compreensão que sempre facilita o processo da vida, porque não se pode deixar de viver o que a vida é. O que se pode é aprender a viver melhor, certo?

Então, com uma cabeça boa, o que para muitos é uma tragédia, você vai tirar de letra. Todo mundo tem essa visão deturpada. Seja você o diferente, com uma visão mais lúcida da situação, e olhe, garanto-lhe que já não terá aquelas experiências daquele sentimento doloroso. E digo mais: sua vida afetiva e amorosa terá outro sabor, atraindo para si pessoas coerentes com seu novo ponto de vista. Sorte sua, conquista sua, mérito seu. Ai de quem não os tem! Não é mesmo?

Isso é facilitação. Facilitar é aceitar incondicionalmente todas as suas sensações. Mas, o que é aceitar? Aceitar é exercer seu domínio sobre a situação. E o que é domínio, seu Calunga? Só consciência. Só estou aqui permitindo e acompanhando com a minha lucidez o fluxo da minha vida nos seus aspectos.

"Ah, hoje estou melancólico." Ora, sinta a melancolia. Não tem que forçar a sair dela. Não tente se alegrar, senão o processo fica inacabado e noutra situação à frente ela voltará com mais intensidade. Não, não interfira. Deixe. Permita. Não a corrompa. Apenas sinta, sem procurar explicações, justificativas, consolos. Sinta a melancolia na sua pureza. Exerça seu direito de sentir dor. Não fique na revolta contra ela. Não resista. Não apresse o rio, ele vai por si só, não importam os obstáculos e as barreiras que lhe impõem para estancá-lo. O rio não resiste, ele, de algum modo, vai transpor qualquer empecilho, vai transbordar e vai chegar ao seu objetivo que é o mar. Se você cultivar essa prática, a dor começa a se esvair, até se acabar no alívio. É como a vela que se queima até a chama se apagar, terminando seu processo.

A dor faz parte de quem está vivo. Quem nega a tristeza estará negando a alegria. Sentir dor também é viver intensamente. É viver no presente, no aqui e agora. Viver intensamente não é só festejar todo dia, se alegrar todo dia. Quem não sente dor é porque está morto.

O corpo físico, num determinado momento, morre, mas tudo continua vivinho no astral e até sentindo com mais intensidade, mesmo porque, quem sente é o corpo astral e não o corpo físico. Fique do seu lado sempre. Nessas horas seja seu melhor amigo. Isso é amor próprio, é compaixão, e não há o que o amor não transforme.

Sentir é uma parte sua expressando aquilo, mas você barra o sentir sem nem saber o que é direito. Se você observar só a sensação, sem pensar nada, ela anda, ela muda, ela não é constante. Ela vai mudando, você fica prestando atenção nela, porque dor não tem jeito de não prestar atenção. Ela parece que anda, que muda, que sobe, que desce, que se movimenta como um organismo vivo.

Assim são todas as sensações em nós. Elas se manifestam e, se você ficar permissivo, elas se expressam ou vão depressa para tal pessoa, tal fato, tal situação, ou seja, para fora. "Nossa! É só isso que é sentir amor?" Só. Não precisa fazer aquela cara de bobo, de lindinho da mamãe. É só sentir e ficar prestando atenção. Se você desviar a atenção podem entrar outros fatores e bloquear. Se você se permitir sentir e observar, aquilo muda, começa a murchar até ficar muito sutil, parecendo que se transformou completamente em outra coisa.

O que significa isso? Que você mudou. Ninguém muda fazendo nada, e é só fazendo nada que você muda. Quer dizer, não importa o que você faça, não muda, e quando você para de fazer, a mudança vai por si. Então, expresse porque expressar é viver, viver é vivenciar e vivenciando tem expressão e na expressão aquilo muda, se transforma e evolui para uma coisa melhor.

O existir vai por si. As mudanças que seu espírito vai fazer naquilo que ele é, vão por si. O papel do seu arbítrio é facilitar na medida em que o arbítrio existe para escolher o que tem a ver com a sua individualidade e rejeitar o que não tem. Estar lendo positivamente este livro agora, significa que você está escolhendo permitir saber.

"Ah, eu estou muito magoado!" Pois sinta a mágoa. Não fuja dela. Isso não quer dizer que você vai se afundar, e não quer dizer que você vai dar corda de uma forma inconsciente deixando-a dominá-lo e virar um dramalhão. Não é isso. É acompanhar com consciência e domínio. "Muito bem, mágoa, concordo com você. Pode doer." Quer se queixar? Queixe-se. Quer se revoltar? Revolte-se, mas sempre com consciência e no domínio. Quer chorar? Chore à vontade, senão aquilo vai acumulando cada vez mais lá dentro e, com o tempo, se transforma em doença grave. Respeite seu direito de sentir.

É claro que eu não vou ficar me revoltando e jogando nos outros minhas mágoas e revoltas, porque sei que é um problema pessoal. É uma atitude particular que faço sozinho no meu quarto, no banheiro. Sozinho eu faço o que bem entender pra me desabafar. Fale o que você quiser. "Por que você fez isso, filha duma mãe? Quero que você se exploda, seu safado!" Fale, xingue sem censura, sem doutrinação, sem medo, sem culpa, sem julgamento. Deixe-se expressar, porque é coisa sua e você está ajudando aquilo sair. É seu direito.

Vai, faça isso e perceba como você fica aliviado e se acalma. A mente começa a ficar clara e você provoca uma mudança. Muda sentimento, situação, a percepção e, então, tudo muda porque você fluiu e parou de represar uma coisa que precisava caminhar para encontrar seu fim, seu objetivo, sua mudança, sua transformação.

O que nós temos de opção sábia é acompanhar com consciência e domínio para facilitar o processo. Isso é uma bênção. Aí, você está chorando e chega a amiga: "Menina, não chora, você tem tudo na vida. Por que você está chorando?" Dá vontade de dar uma bifa nessa amiga, não dá? Dá porque já está fazendo você se sentir culpada e errada por expressar o choro. Seria bem melhor se ela dissesse: "Chore, chore à vontade, amiga. Você tem razão de chorar. Eu entendo." Não é mesmo? Então, você chora mais fundo, mais verdadeiro, aquilo se esgota, se sente aliviada e uma coisa nova surge no lugar.

As pessoas que ainda não choraram o suficiente estão pondo em risco seu sistema imunológico. Daí vem a gripe, a infecção, problema disso, problema daquilo. Por quê? Porque aprenderam que têm que ser fortes. A consciência de ser forte é interromper um processo, como se você não precisasse de força para manter seu choro, sua situação, até que ela se transforme. Precisa de muita força, concorda? Muita compaixão e muita paciência com você. Já imaginou se a gente comesse e segurasse o intestino, como ia ficar? Precisa sair para comer de novo e sair outra vez. É todo um ciclo e um processo contínuo.

A vida física exige da gente. Então, ninguém se preocupa porque doí um pouco quando vai fazer cocô. É natural e quanto mais rápido mais confortável é, e você responde numa boa. O bicho não dá trabalho. Ame seu bicho. "Vamos com calma, lindinho." Ele vai e faz um cocô sublime. O que é o amor, não é? Ai, se seu bicho ficar bravo! Vai agir tal qual seu cão raivoso. Agora, no carinho ele já vai pondo as patinhas em cima de você, vai largando o corpo e se deitando pra você coçar sua barriguinha. Fica manso, calminho e obediente.

Nós somos iguais. O amor cabe em absolutamente tudo. Nosso bicho é assim. Gosta de amor porque é muito afetivo, sensual e você também gosta disso, não gosta? O que acontece é que você precisa saber como se tratar para que a melhor resposta venha. Você não aprendeu a aceitar, nem a gostar. Aprendeu que tem muitas tendências terríveis que precisam ser rechaçadas, recalcadas e lutar para não as ter. Não pode ser assim. "Mas, onde se viu uma mulherona dessas chorando, reclamando de tudo, querendo se matar?" É claro que você não quer se matar, mas gostaria na hora, não é? Você está expressando algum sentimento que gostaria de acabar na sua vida. Na verdade, naquele momento, você apenas está querendo matar alguma sensação ruim pendente.

Sustente esse desejo. "Ai, não aguento mais!" E vai ficar quietinha no seu canto? Faça o teatro por inteiro. Logo, aquilo vai sumindo, até nunca mais e surge outra etapa com outra visão, com outro tipo de sentimento e você evolui. Se o que estiver lá não sair, não vem o novo, porque está contaminando o próximo passo e não permitindo que a lei do vácuo trabalhe a seu favor. Para ter uma coisa nova, é preciso sair a antiga.

Você precisa ajudar a processar o material que se manifesta, expressando justamente com o corpo e às vezes com palavras. Se não quiser dividir com alguém, não tem problema. Faça sozinho, como fazer cocô. Ninguém faz na sala. É um negócio que tem suas razões para ninguém querer ver você fazer. É um assunto muito pessoal.

Quanta coisa está inacabada em você, devido a essa ignorância em expressar, porque não é bonito, com o fluxo parado no seu corpo provocando sofrimento.

Qualquer frase positivando, com certeza, ajuda, mas ela só é ouvida quando você esvazia. Primeiro descarrega, depois vem o ambiente para outra coisa facilitadora se estabelecer, mesmo porque o processo continua. É na hora em que a pessoa ouve que faz um grande efeito.

Está sentindo inveja? Sinta, tome consciência. "É, tô com inveja mesmo!" É humano sentir inveja. Não tem problema nenhum. Só pra você. "Só eu tô aqui. Me permito. Eu me deixo sentir. Ah, ela tem isso, aquilo. Eu também queria ter. Eu queria muito ser ela." Aí, vira frustração. Sinta a frustração, e faça o mesmo com qualquer tipo de sentimento que aparecer. "Ai, que horror! Sou uma desgraça! A vida é uma porcaria, uma merda!" Isso. Deixe purgar. Deixe queimar como a vela. Não ligue para o que você aprendeu sobre metafísica, espiritualidade, seja lá o que for. Não fique na expectativa de que você fique calmo, bonito, cheio de luz. É isso que estraga. Apenas sinta, sem deduções.

De onde você acha que vêm as doenças? Desse processo acumulado de sensações não expressas, e a doença vai matando aos poucos. Vai purgando, purgando, purgando. O que não sai de um jeito tem que sair de outro, porque nada é estático. Ora, o processo precisa ter seu fluxo natural, senão, não seria processo. E tudo na vida é processo.

Você ainda está naquela ilusão da felicidade cor-de-rosa e Deus fazendo cosquinha na sua barriga, como o dono de um cachorro? Não vai ter. Diga algo menos óbvio, muito mais amplo, muito mais rico, muito mais fantástico, muito mais fabuloso do que deitado em uma rede na varanda de um sítio. Não quer dizer que isso não seja bom. Tomando suquinho de maracujá, não é? Mas isso é o bom. Cadê o ruim? O ruim também faz parte da vida. Comer é uma delícia, cagar já não é tanto. Só depois do primeiro lance é que alivia, não é mesmo? É uma delícia tomar um banho, mas vai sujar de novo.

São ciclos que têm que se expressar no seu devido tempo. Vida é expressão do ser em todos os campos, em todos os sentidos e o fluxo precisa fluir sem se bloquear na sua cabeça, principalmente os sentimentos ruins. Nessa hora é que você precisa da sua paz, da sua compaixão. Isso é bom para o treino da humildade. A sua pretensão de que não podia, que não devia, pode jogar fora porque isso é pura ilusão. A sua realidade é que seu caminho passa por aí, e pronto. Vai por ali, não é por onde você quer. O arbítrio não vai mandar nisso. O arbítrio vai escolher como lidar com isso, na inteligência, na percepção, na fé.

Nós temos em nosso sistema centenas de partes que se expressam, e outras centenas que ainda nem emergiram para a lucidez para começar a se expressar, tal é a grandeza e a complexidade de nosso ser. O que podemos fazer? Acompanhar positivamente, com respeito e respeitar é sentir, deixar se expressar. Você não aprendeu a se respeitar, mas a se desrespeitar, bloqueando e negando o que é ruim.

Essa é a consciência plena que acompanha o processo. Quando é limpa aquela coisa que para você é indesejável, mas para o sistema é natural, tudo flui na serenidade. Quando o cocô acaba, o ânus se fecha, não é mesmo? Só depois que passa é que fecha.

Dor é sempre o corpo dizendo que você está fazendo alguma coisa errada consigo. Você sofre, sofre, sofre até contar seu segredo para alguém, aí resolve contar para todo mundo, daqui a pouco o problema sumiu. Caiu o problema e a dor desapareceu, porque você falava tão descaradamente dele, já falou para o bairro inteiro, para a família inteira e até quem não queria ouvir você obrigou a ouvir, que gastou, gastou até acabar. Pronto! Surge nova visão, nova postura, um novo comportamento, uma nova percepção e a vida começa a andar.

Como é que você pensa que aparece o novo? Porque expressou o velho.

É só isso que é a evolução. É o viver. Expressar é viver. Quem não sustentar o buraco da tristeza não é levado às alturas da felicidade. Quem não experimentou a miséria, não saboreia a riqueza. Quem não passou fome, não tem paladar, pois a fome é o maior paladar que existe.

Eu queria que você sentisse todos os sabores que você ainda não sentiu, toda sutileza de sentimentos que ainda não passaram por você. Gostaria que você sentisse ser um milionário na existência, possuidor de uma natureza que me surpreendesse a cada instante.

Eu queria que percebesse os tesouros de amor que estão enterrados em você e que nunca sentiu. Eu queria que você tivesse milhares de contatos humanos que você nunca teve, e que entrasse o mais rápido possível nas áreas sublimes, as áreas do nosso espírito. Eu queria que você se impressionasse com a grandeza da criação em nós e que não ficasse encalhado, reencarnando, reencarnando, repetindo, repetindo.

Eu queria que você fluísse bonito e tivesse esse grande coração, não no peito, mas na cabeça. Coração na cabeça é compaixão, é entendimento, é a disponibilidade do bem, é sempre estar no bem. Estar bem não significa a sensação que você tem, mas a opção de estar no bem, de acompanhar no bem, de seguir no bem, sem essa coisa pedante de consertar, sem esse medo maluco de que você vai se perder. Você já é perdido e está se achando a cada dia. Não cobre de você que seja um achado. E o que é ser achado? É aquele que é sentido, aquele que já sentiu muito.

O seu ser anseia por se expressar. Eu falei que sua carência é de amar e não de ser amado. Da mesma forma, sua carência é a necessidade da sua expressão. Quando você permite amar sem condição, você ama e não tem perigo nenhum. Você ama à vontade. Qual é o benefício? De fluir um aspecto seu muito poderoso que lhe dá um grande bem-estar e que o evolui na humanidade.

Não apresse o rio, ele corre por si. Não precisa se apressar, apenas se expressar. Não apresse o dia, ele vai embora na hora dele. Expresse-se com ele, consciente no sentido de entender a necessidade de expressão e deixá-la passar, para passar de uma forma boa.

Escute a dor. Não guerreie, não brigue com ela. Quando a dor doer, diga para ela: "Estou te escutando. Você é válida. Estou te olhando." A maioria das dores, quando você as ouve, já começa a sumir. Elas só queriam ser notadas.

A ideia de que você é responsável por você leva-o a querer controlar uma natureza que você nem compreende e nem é possível. É deixando fluir que você observa e fica a favor da natureza. Quando você observa, começa a nascer a compreensão em si. Veja como você ganha. Se não interfere e vai agindo junto com aquilo, deixando até se esgotar por si, todo esse tempo observou e a inteligência percebeu um milhão de coisas. Então, nasce uma nova consciência daquilo e uma porção de outras coisas novas.

Como a vida é romântica! Tem poesia na dor, tem poesia no sofrimento, tem poesia na desgraça, e parece muito desagradável pra você, como a dor do parto é, e em seguida se transforma naquele presente nos seus braços, que você sente emoções que nunca sentiu. Você precisa morrer muitas vezes na vida para nascer de novo. A ressurreição é um fato cotidiano, não é uma proposta de futuro. Morremos cada vez que esgotamos uma situação e renascemos logo em seguida.

Aceite a dor. Não que precise procurá-la ou cultivá-la. Não é isso. Mas quando ela se manifestar, saiba conduzi-la para um final bom, fácil, rápido sem segundas consequências, com elegância espiritual, com inteligência, porque ela vai acontecer de novo. Não a enterre mais. É humano senti-la. Deixe a coisa se processar que você vai ver que, das próximas vezes, vai ser totalmente diferente. Você terá outra firmeza para aguentar os mesmos fatos. Você vai ter outra compreensão e talvez lá você consiga o que não conseguiu hoje.

Esse é o caminho, e não tem nada de errado nele. Errado é esperar que você tenha um comportamento e um negócio que não é humano, porque você é humano.

Humano é a joia. O outro que você quer ser é uma desgraça. Ninguém vai amá-lo por isso. As pessoas vão amá-lo pelo que você é: humano. Só o humano atrai o humano do outro. Só o seu amor atrai o amor do outro.

Reflexão

Neste momento em que você sente a força da consciência maior que o invade, no calor do seu aconchego, a intensidade da sua presença é o reflexo da carência da sua própria existência.

Olhe-se, sinta-se como quem se abraça num reencontro maior. Olhe para dentro de um ser que é desconhecido pra você e aceite esse desconhecido, onde suas formas e representações mentais de uma imagem nada ou pouco representam.

O enigma da vida não foi decifrado. Os enigmas da sua vida interior estão longe de serem todos entendidos, mas nada disso impede você de viver cada instante aí dentro.

Aceite, neste instante, a existência no seu colorido infinito e inesperado de choques que são toques expressivos, ou suaves, ou líricos do perfume da existência e todos os cheiros, do odor intenso à fragrância mais sutil. Tudo permeia o mundo, mas é tudo por um instante e se desfaz como se nunca tivesse existido, e você é diferente depois desse momento, muito diferente, sempre desconhecido.

Eu me sinto no mistério de mim mesmo revelado na consciência da companhia da minha presença lúcida e positiva na permissão de existir.

Quando eu presto atenção e permito o que sinto, eu existo. Quando eu me bloqueio e me nego, eu deixo de existir, reduzindo minha sensação, minha permanência dentro da existência saudável e evolutiva.

Não sei, e porque não sei, apenas fico, porque da minha companhia é o que eu mais preciso, minha e inteira, permissiva, positiva e amorosa. Comprometo, comigo, nessa nova consciência no domínio, de possuir-me, de tomar a consciência de mim, ampliando minha consciência, e essa passividade presente e ativa, essa passividade ativa da lucidez comigo e da minha companhia, revela o meu respeito por mim, pela obra e a curiosidade de me conhecer, de me desvendar, de me sentir e viajar na existência excitante de uma variabilidade infinita.

Ressurja nessa nova postura. Preencha você de sua presença. Tape o buraco da ausência com esta nova consciência. Permita-se. Só você pode proibir ou permitir, então, use essa faculdade com sabedoria pelo bem maior em você. Escolha facilitar e não dificultar. Escolha estar aberto e não fechado. Escolha acompanhar em vez de enfiar debaixo do tapete.

Você é um adulto maduro que traz o apoio e a confiança de seu ser e as artes que seu ser precisa. Confie na natureza em que Deus o criou, que jamais o levará para a perdição, porque a perdição é uma ilusão onde você se encontra.

Fique na paz.

4

O safadinho e o idiota

Não há nada em você que não esteja se movendo, porque há uma necessidade atrás impulsionando-o. Ninguém se move por se mover, uma vez que nosso ser caminha por necessidades e satisfações. É uma imposição. Não tem escolha. Não é assim com a fome? Não dá pra não ter fome.

Por que você faz tanta coisa? Porque quer satisfazer necessidades, senão, não faria. Necessidade é motivação. "Ah, eu tenho que fazer aquilo, senão não chego lá" e quando uma necessidade legítima é satisfeita, você sente realização, que é felicidade, que é alegria. Todo mundo busca esse estado.

A necessidade não dá paz, ela dói como dor de estômago quando está com fome. Então, ela se impõe, queira sim, queira não. Ela foi a motivação para tudo que você teve e tem na vida.

"Ah, queria fazer para me sentir realizado." E o que é se sentir realizado? É preencher uma necessidade.

Agora, tem um problema aí. Você não sabe qual necessidade tem. Se não sabe a necessidade que tem, também não sabe se está satisfazendo. Faz porque todo mundo diz, porque acha que, mas será que satisfaz? E quando não satisfaz, fica na teimosia.

Há muita informação errada sobre aquilo de que você precisa. Está ludibriado por todo esse consumismo que a estrutura da vida moderna explora. Para se sentir alguém tem que ter carro, tem que ser magro, tem que ter isso, tem que ter aquilo. Não estou dizendo que tudo isso não pode ser bom, mas será que vai preencher o que você precisa?

Como é que você vai ser feliz? Com muito dinheiro? Uns dizem: dinheiro não traz felicidade, e outros: é, mas ajuda muito. Claro que o dinheiro nos dá uma série de possibilidades e a falta dele torna a vida difícil.Não é isso. É que muitas vezes a gente vai enganosamente atrás de uma coisa que tem seu valor, mas não nos preenche. A pessoa tem tudo, mas não está feliz.

É aí que a gente pensa: ó, não é bem assim esse negócio de felicidade, ou realização, ou de bem-estar. Não é nem uma coisa, nem outra.

O que eu quero explicar é o seguinte: tem uma coisa que você fez, preencheu-o, realizou-o, satisfez-lhe, ficou dez. Tem outras que você faz, faz, acha que é certo e não o preenche.

As coisas que você acha que são certas, aprendeu com os outros. Por exemplo, para você ser mulher, precisa ter um homem. Se você não tiver um homem ou um filho, você não é mulher. Não estou dizendo que ter filho ou homem não é bom, mas, que para você se sentir mulher, você não está precisando de um marmanjão. Você já é mulher muito antes disso. Não entende qual é a sua real necessidade.

Você está muito sozinha, está sofrendo de solidão e acha que precisa arranjar alguém. O nome dessa coisa é desejo. É mental. Aí, você arranja alguém e continua sozinha e, além disso, quando a pessoa vem, traz junto uma mala de problemas, então, não compensa. Fica rodeada de pessoas e não resolve a solidão. Sabe por quê? Porque a solidão não tem nada a ver com estar com gente ou não. Tem a ver com a maneira de como você se dá atenção. O que satisfaz a necessidade de atenção do outro é a sua atenção para si.

Entenda que, se houver alguma coisa aí que não está legal, não é porque você não está se esforçando para resolver, mas é porque não tem consciência do que eu disse. Vamos fazer um exercício prático para ficar mais fácil.

Perceba qual a necessidade mais importante que está mexendo com você agora. Vai no sentir. Sentindo, você chega nela porque provoca uma dor, um desconforto interior. Tem um buraco, uma falta ali, pois não há a sensação de preenchimento. Essa dor é para chamar a atenção que você precisa fazer alguma coisa.

"Ah, eu sinto dor da falta de dinheiro. Eu, de insegurança, eu de falta de apoio, eu de solidão, eu de aflição, de saudade, de ansiedade, de angústia". Nada disso é necessidade. A necessidade não tem nada a ver com os outros ou com alguma coisa exterior, tipo casa, carro, dinheiro.

Todas essas sensações de dor, de desconforto, de carência, vêm mostrar que você está sentindo necessidade de você. Da sua companhia, da sua atenção, do seu apoio, do seu amor, de amar, de se valorizar, de se pôr em primeiro lugar, de fazer o que quer, de ir para onde você quer, de acreditar em si.

Agindo dessa forma, toda carência vai embora e, o melhor de tudo, é que, como mágica, aquilo que você gostaria que entrasse na sua vida pra preencher sua carência, começa a aparecer. Ou seja, preencha-se primeiro que o que você deseja vem, seguido da sensação de realização, de alegria, de harmonia, de paz, de estar bem com a vida.

A atenção, o empenho, a dedicação consigo são coisas que levam você a se sentir muito feliz, muito satisfeito, forte, no domínio, mas se você não se cuidar, ou se cuidar mal, fica iludido e na mesma porcaria de sempre. Se você ficar muito tempo na carência, vai ser empurrado pela vida para a prova, porque o universo tem que fazer alguma coisa, já que nele nada é estático.

Então, são duas coisas: primeiro, identificar a necessidade; segundo, verificar se está fazendo direito. Aí, você vai perceber que está trabalhando para o seu bem, a seu favor, e a vida o favorece, porque a vida o trata do jeito que você se trata.

Quando você se sentir inseguro, em qualquer área de sua vida, qual a necessidade que está por trás? Não é de segurança, mas de domínio, de presença de si. E o que é domínio? É a minha consciência me invadindo por inteiro, é não ficar aí vagando na imaginação, no que os outros estão fazendo ou deixando de fazer.

A vida está correndo lá fora, como precisa ser, as pessoas fazendo seus teatrinhos, e você não está nem aí. Passa pela sua cabeça, mas você não liga pra nada porque está muito na sua.

Outra necessidade que todo muito tem é de liberdade. A quantas anda sua liberdade? Não há felicidade sem ela. Não há satisfação em nada sem ela. Você está preso, aliás, você se prendeu para se defender e a largou sozinha. Sua liberdade não pode gostar, não pode mais brincar de carrinho porque ficou adulto, entendeu? Como é que você vai deixá-la bem e fazer o que ela quer? Dê um espaço para ela.

Como é que você dá um espaço pra si? Vai na rua, vai andar, vai lá não sei aonde, vai passear na praia, vai tirar umas horas e fazer uma coisa bem fútil que lhe dê uma alegria.

A prisão é um estado mental, porque ninguém o está prendendo. O jeito de como você lida com a cabeça, vai arrebatando sua criatividade. Está no controle e não no domínio. Pare com o controle. Pare com a cabeça, pare com essas vozes, domine, sinta, fique na posse, porque o domínio possibilita-lhe o despacho de tudo, enquanto que o controle exagerado o prende e o deixa no cansaço, achando que vai levá-lo às coisas que quer. Eis a ilusão da humanidade.

Você tem que olhar suas necessidades e procurar o melhor meio de satisfazê-las ou a vida vai cobrar, porque, quando você se acumula não está se satisfazendo, daí toda sua vida vai parar e nada vai dar certo.

Quando você começa a preencher sua necessidade, começa a fazer o bem e atrai o bem. Se houver um buraco, você atrai a falta. A abundância só é uma manifestação legítima quando você está cheio de si. É a necessidade bem cuidada.

Há um milhão de maneiras de preencher uma coisa. Não precisa ser isso ou aquilo. O mais difícil é reconhecer, porque você não está acostumado a agir diferente. Você *pensa* que precisa, não *sente* que precisa.

Geralmente, o que você pensa que precisa é chamado de desejo que nunca preenche. Agora, quando sente, a avaliação já é outra, porque está mais no real, no "é", no seu "é".

Você está acostumado a precisar disso, daquilo, porque o povo joga e você pega. Se você não sair desse povaréu e ir lá dar uma olhada, vai ficar perdidaço, insatisfeito e com o buraco da carência aumentando cada vez mais.

Você é a lei. Você está onde se pôs. Você se pôs no buraco, no buraco fica. Você tem que acabar com essa mania de que precisa, precisa porque os outros falaram, antes que venha a prova, porque, aí, o sofrimento pega pesado.

Você está fazendo coisas que não trazem resultados? Ih! Está na desvalia, na carência, procurando se afirmar para os outros. E quanto a você? "Ah, deixa eu ir lá sentir minhas dorzinhas pra ver minhas necessidades e checar se estou fazendo certo comigo, porque ando fazendo uma porção de coisas e não me preencho. Preciso mudar, largar esse povo pra lá, porque preciso me preencher. Espera lá cabeça, calma, calma, vamos devagar com esse negócio aí, porque ficar como um louco aqui na vida me sacrificando por uma porção de coisas e nada, não está valendo a pena."

Por quanta coisa você se sacrificou e nada, porque, infelizmente, você estava iludido por desejos?

Lao Zi, fundador do taoismo, diz que o mal humano é o desejo. Então, o desejo é um desvio do que realmente o satisfaz, uma crendice na qual as pessoas vivem se perdendo.

Claro que o trabalho tem sua importância, sua utilidade, sua função. Mas, como é que você anda trabalhando? Será que não tem um jeito melhor de fazer a coisa? Um jeito mais desligado sem perder o foco? Como é o trabalho aí dentro de você? Anda com muito juízo? Por onde anda seu safadinho? Como é que é o safadinho? Você o deixou lá na infância quando era livre? Vai, incorpore o safadinho de novo.

Quais são as características do estado de safadinho? Quando se sente leve, não é? Quando se sente livre, feliz, alegre? O que mais? Poderoso, esperto, hábil, flexível, despreocupado, tipo cuca fresca? Beleza! Tem mais coisas? Estratégico, inteligente, uma inteligência que não é maldade, que nem sempre é egoísmo, não é mesmo? Muitas vezes é pelo bem de todos, mas ele tem aquela esperteza e agilidade. Ele não tem problemas, sempre acha um jeito.

O que o safadinho não é? Se é alegre, não é dramático. Ao contrário, a cabeça está sempre numa boa. Nesse estado, aliado à modéstia, ninguém o engana, pois, no domínio, ele vê longe e age com segurança.

Qual é o oposto do safadinho? O idiota. A idiotice é a maior doença do planeta. Como é o idiota? É um "Maria vai com as outras". Vive num mundo que não tem nada nele, nem dele. Sempre preocupado, dramático, pesado, sério, ajuizado, chato e com problemas para todos os lados. Tudo é dificultoso, a vida é um drama, e como ele veste isso, a vida dele, como era de se esperar, é só coisa ruim.

A arrogância é outra característica do idiota. Revoltado, acha que sabe tudo. Tudo é cabeça, tudo é ideal. Deu pra perceber como é a vida dele, não deu? Só dá cabeçada e leva tombo, porque quanto mais alta a escada, maior é o tombo.

É evidente que você sofre de idiotice, essa doença contagiosa que pegou na infância, mas não é sem razão, porque nasceu numa família idiota, com uma vizinhança idiota, num país cheio de idiotas do qual não deu para você escapar. Qual o remédio pra idiotice? A modéstia, sem drama. Então, é só pegar o safadinho que é assim e cura tudo. Não marque bobeira, que você vai pagar caro.

Você já acreditou em cada coisa, em cada ilusão, levou cada cacetada que só você sabe o quanto doeu, tudo por causa do seu idiota. Vamos, tenha coragem e vista o safadinho se não quiser sofrer desilusões ainda maiores e morrer de tristeza. Pense aí, o que está fazendo de idiotice agora? Agindo na teimosia, brigando, sendo inflexível com você mesmo? Anda se torturando porque está careca, gordo, feio? Para! Como é esse idiota aí dentro? Todo mundo tem um que fica torturando o tempo todo, que deveria isso, deveria aquilo, que fez isso, que fez aquilo, que tinha que ser ideal, normal.

Se fosse espertinho já tinha dado um jeito nisso. No safado, essas cobranças não pegam. O safadinho é que tem a chave do reino de Deus para sair do inferno, da idiotice que pegou. Só um idiota vê outro idiota, porque ele se irrita muito, enquanto o safadinho enxerga o idiota e não dá a mínima, dá risada. Está vendo a diferença? Porque, quando você vê outro idiota dá a impressão de que você não é. Quando você começa a fazer aquela boca e só você quer falar, está tomado, está tendo uma crise, um derrame de idiotice naquela hora. Está declarando a idiotice, criando um mundo de idiotice, de desilusão.

Na sua vida afetiva, como você é idiota? Quando você leva o casamento a sério? Não é o casamento em si, mas a maneira de como o trata. Já quer que ele ou ela satisfaça suas necessidades. Só idiota quer que os outros façam as coisas para ele. Ele não enxerga a realidade. Idiota tem problema de ver as necessidades.

Eu não podia falar isso no começo, senão você ia ficar bravo comigo. Eu também sou safado. Você já tomou conhecimento de como é difícil ser guia, não é? Se o guia não for safado, não vai conseguir muita coisa com você. Ter que chegar aqui, dizer pra você, mostrar e provar que você é um idiota, numa boa. Trazer a ideia para que você veja a saída, para que você se safe. Não uma coisa de destruir, mas de conseguir fazer com que isso chegue a você sem seu idiota se ofender, senão, o seu orgulho ataca, vai se retrair e se zangar comigo. Aí, você diz: "Calunga, você me chama de idiota e eu ainda agradeço." É meu safadinho em ação.

Sabe, aquele discurso sério que você faz em casa? Aquilo é uma pândega. Vai, olhe pra você com cara de safado. Mas, o que é que fica aí afirmando, dizendo, se explicando, se explicando, se justificando, fazendo aquilo para o outro ver? Quanta idiotice! Que vergonha! Se estivesse no safadinho, a conversa era outra, não tinha dor de cabeça, não se esquentava e levava a melhor. O safadinho sempre leva a melhor. Pode até deixar os outros irritados, mas ele fica numa boa, rindo da idiotice deles.

O idiota é dramático, quer sempre ter razão. Você já se viu falando, brigando, discutindo a razão com outro idiota? Cada discussão! Parece que vão se matar e cada um sai pro seu lado perturbado, porque não conseguiu convencer o outro.

Não só está querendo afirmar a razão. O que você faz com a razão? Está querendo preencher alguma necessidade. Ninguém se move se não tiver uma necessidade. Que necessidade é essa que faz todo aquele papelão? Está resolvendo? Acho que não. Dê-se um crédito. Você dá crédito pra você, ou fica repetindo, repetindo achando que todo mundo o aceita para depois confiarem no que você acredita? Você fica pregando para a família inteira? Fica ensinando o que você ainda precisa aprender, enchendo o saco dos outros?

Esse negócio não vai resolver sua necessidade. Quem precisa aprender é você. Não desvie, centre numa boa, em você, safadinho, espertinho com você, não com os outros. Nada de drama aí dentro, senão você piora tudo. Vai, relaxe. Não deixe o idiota atacar na cabeça. Ele ataca todo mundo em volta e o povo detesta, odeia, joga praga. Procure ver a cena de fora pra ver como seu idiota é chato e insuportável, principalmente quando fala que melhorou bastante. Você vai morrer de vergonha, porque o idiota sente vergonha, enquanto o safadinho, sem-vergonha, cara de pau, morre de rir.

Nunca mais aceite sentar-se no banco dos réus e ser julgado. Só mesmo um idiota se deixa passar por isso. Vá olhar suas razões, suas verdades, vá olhar você lá no fundo, vá ver sua necessidade, sua dor, seu sofrimento, na verdade das suas coisas. Você tem motivos, tem histórias, limites, tem tanta coisa humana, aí, chega e deixa os pensamentos do idiota avacalharem.

O mundo reproduz o que a gente tem por dentro. Cuidado! Melhore isso aí, que você merece. Cadê a safadinha, o safadinho? A safadinha jeitosa para contornar as coisas aí dentro, para sair disso? Com jeitinho você vai bem. No fundo você já sabia. Só fica fingindo, não é? Depois leva umas quedas feias.

Se ligando no Eu superior

Vamos fazer um exercício para você se sentir mais safadinho e menos idiota: feche os olhos, concentre-se, relaxe. Evoque seu guia espiritual. Ele vai puxar uma luz que vem do alto e vai parar na sua frente. Repare o que consegue perceber nessa luz. Fique concentrado nela que ela vai se transformar numa pessoa. Repare que pessoa aparece que vem lá de cima. Repare os detalhes, a roupa, o jeito, pra fixar muito bem a imagem dessa pessoa. Esse é seu Eu superior, que é o seu Espírito ou Deus em si. Ele escolheu essa representação pra ficar fácil você sintonizá-la. Assim, como o animal interior, o bicho, é preciso ter uma forma, pois nossa mente não consegue sintonizar algo se não houver uma forma.

Pergunte a ele, do que você precisa para estar mais perto dele, uma vez que é a sua fonte de inspiração de vida. É Ele quem conhece o seu roteiro, lhe dá todas as realizações, enfim, dá tudo de que você precise. Então, você é um pedacinho Dele. Ele é simplesmente tudo. Ouça o que Ele diz. Geralmente é simples e rápido. Assim que Ele falar, tente entrar nesse estado. Por exemplo, se disser: eu queria que você fosse mais calmo, então entra na calma. Queria que você se ligasse com a sua alegria. Ligue-se na alegria. Procure fazer o melhor que puder. Se tiver dificuldade, lembre-se daquela vez que você sentiu isso, que vem na hora. Assim por diante: queria que você fosse... Entre na coisa.

Agora, peça pra ele incorporar em você. Peça pra entrar no seu espaço sensorial. Geralmente, Ele vai para a cabeça e depois pega o corpo inteiro. Observe, prestando atenção enquanto Ele entra em você. Sinta-se sendo Ele e veja como você fica. Aí, você fala: "se expande, se expande." Perceba as sensações nesse estado expandido. Isso é expansão de consciência e aura e você adquire uma grande lucidez.

Continue no seu espírito, porque seu espírito é a sua luz, sua morada. Espiritualização não é religião. É isso que você está fazendo.

É estar numa posição interior muito ligada com seu Espírito que, por sua vez, é a ligação com o divino. As religiões geralmente separam você de Deus. É a pessoa aqui pedindo, rezando, implorando a um Deus lá fora. Espiritualizar-se é ter consciência de que você é o próprio Deus Se expressando na matéria. Mesmo sendo difícil no início, você pode manter esse estado na hora em que quiser e for preciso.

Peça para expandir. Dê espaço e apoio. É uma das necessidades que você tem. Esse exercício leva você a preencher essa necessidade. Note que sua coluna ficou reta. Note que seu corpo ficou altivo, reto. Isso também é o conceito de se centrar, de se elevar na sua luz, de estar na sua espiritualidade. Quanto mais você vai preenchendo suas necessidades, mais vai se centrando em si, mais o espírito vai tomando posse e vai trazendo os inúmeros recursos que ele tem porque ele é Deus.

Mesmo que não possa, é ele quem traz o que é para você. Você não sabe qual é o seu caminho, você não sabe qual é o seu amanhã, você não sabe o que vai desenvolver, você não sabe o que vem, mas ele sabe. É ele quem cria as necessidades para você andar, para você conseguir e alimentar quem? Ele próprio, porque o seu sucesso é o sucesso dele.

Quanto mais o espírito estiver alimentado, mais ele o toma, mais você tem essa expansão, a ponto de chegar ao êxtase, à iluminação. Não é porque você ainda esteja no meio do caminho que não possa sentir a presença de Deus em si. É a presença. É Deus individualizado. Sinta-O. Ele vai até os pés, vai se ligar ao seu exu natural, a força magnética que mantém os corpos, a sombra. Peça para Ele ligar e Ele liga sozinho. Ele vai fundo em você e, aí, as reações mudam. Repare. Com isso Ele junta todas as partes e a expansão e o equilíbrio acontecem.

Agora, você está se sentindo equilibrado, num estado especial de consciência. Há uma paz, um silêncio interior que mostram que há a harmonia de todas as partes, porque é o espírito que integra tudo, e assim você não fica mais repartido, onde o mundo é apenas um espelho de projeções. Tudo é você, você no seu todo. Sinta. Se a mente tentar fugir com as alucinações internas, volte a incorporar aquela imagem de luz que você formou. Ela fala dentro da sua cabeça.

Ouça em silêncio. Isso é a paz que tanto procura. Não adianta fugir para o sítio, para a praia em busca de paz. Paz é uma coisa dentro, que você preenche com a sua coisa aí.

Esse exercício é a melhor coisa para a abundância fluir, para a cura acontecer, para uma boa ideia surgir, para aparecer uma solução, a pecinha do quebra-cabeça, uma nova maneira de ver, as inspirações, as intuições que são coisas do espírito que vêm nesse estado.

Por isso, quando você fica safado, saia por aí, passeie, brinque, naquele momento vem aquela ideia brilhante. É ele. Você deu um espaço positivo, já mandou uma mensagem. Como ele precisa de você, vai mandar-lhe muita coisa. Ele cala a mente. Perceba que não é misterioso calar a mente. Calar a mente é assim. É quando você se liga com seu Eu superior, então ela é dominada. Essa é uma mente equilibrada.

A sua mente é dirigida pelo meio, porque você não tem firmeza no Eu superior. Conforme a firmeza vai progredindo, o mundo vai deixando de interferir. Seu negócio é ali na sua fonte, na sua luz, na sua coisa e, olhe, ninguém domina uma pessoa assim. Use e abuse, porque é a prática que faz entrar nessas condições.

Então, existem dois estados. Existe com o espírito ou existe sem o espírito. Se você estiver no sem, pode fazer um milhão de perguntas que não vai ter a resposta. Se estiver no com, a resposta estará lá. Você é muito, muito, muito maior do que imagina e pensa. Viver desconectado leva a gente a achar que é bem pequeno, uma porcaria e o mundo enfatiza isso, mas, no caminho da espiritualidade, a gente se acha e vai percebendo que não tem ego. No ego fica achando que todo mundo é alto, que Jesus é alto, que Buda é alto e você não. Mas, Buda mora dentro da gente, Cristo mora dentro da gente, Deus mora dentro da gente.

Seu Deus apareceu, falou, acabou! Escute, medite, é seu. Está sempre com você quando dorme, quando não dorme. Você pode estar aqui embaixo, no rolo, mas Ele está junto. Se você for, Ele vem. Se você pedir, Ele vem. Se você pedir, obtém, mas tem que sentir.

Não é só uma conversinha de cabeça. "Pai nosso que estais no céu, santificado..." Pare com isso. É outra coisa que se mostra no físico, no espaço existencial, na consciência, na sensação do seu ser, no tudo, é muito só seu.

Você tem que falar com Ele sobre isso, porque já percebeu que "meu fardo é leve, meu jugo é suave". Quando você vai e se entrega, já começa uma transformação. Você não irá a lugar nenhum sem isso. Do seu jeito, não. Do jeito Dele, sim.

Agora você tem a imagem, a figura da luz que fez com a luz, que é seu espírito que é o próprio Deus. Na hora da turbulência, pare tudo e veste aquilo. Quando você sentir que está bem legal, coloque sobre a situação tal que você quer trabalhar, o espírito já sabe e encaminha para a solução.

5

A chave é o entendimento. Está tudo Certo. A vida tem sempre razão

À única coisa que você tem que ceder é para sua vida. Quando ela coloca aquela coisa ali, e você vê que não consegue dar jeito, a melhor opção é parar, sem ficar nervoso, sem se revoltar e aceitar o que for, para que surja a compreensão. O mais importante na vida é o entendimento. Entender o que está ocorrendo consigo é outra maneira de viver. O duro é estar passando por aquilo sem noção de nada. O entendimento nos faz compreender a causa e nos ajuda a resolver aquela situação.

Quem entende, passa pela vida sem sofrer, pois a ignorância é a causa de todas as dores e sofrimentos, enfim, de todos os males. Então, o maior remédio do ser humano é o entendimento das coisas. Veja aí no seu trabalho.

Quanto mais você entende do assunto, mais domina, mais se sobressai, mais tem sucesso, mais se realiza e não sofre, não é mesmo? É assim em todas as áreas da sua vida.

A humanidade passa o tempo todo querendo desvendar os mistérios da vida e da Ciência para evoluir. Quantos mistérios não havia na Idade Média, ou antes, e que hoje são fatos corriqueiros? Com as descobertas, de quanto sofrimento não foi poupada a humanidade? Se você me perguntar se o mundo estará melhor daqui a cem anos, eu respondo: com absoluta certeza. Agora, se você ficar aí na dúvida, no negativismo, na ignorância, valorizando as desgraças que passam na mídia, sua vida sim, vai piorar, mas a realidade, como um todo, vai melhorar.

Quando você pega uma estrada e quer isso, quer aquilo e vai embora, se não houver entendimento nesse caminho, você não anda e não chega nunca. Às vezes a pessoa fica numa teimosia, numa marra, fica estacionada e não vai. Aí, passa pelo fundo do poço, aprende umas coisas, larga outras e, então, começa a andar. Não é isso?

Ao perceber que a coisa está emperrada e não anda de jeito nenhum, tome uma atitude: "Não! Não! Vou parar com essa teimosia. Não quero mais brigar com a vida. Meu negócio aqui não é discutir com nada. Não quero mais ficar revoltado com nada, e pronto! Eu aceito e relaxo, aguardando o entendimento do que ainda não sei."

Está tudo certo.

Uma coisa que você já ouviu muito, que vai facilitar demais seu processo, mas ainda não aceitou, é que TUDO ESTÁ CERTO.

Não vou culpar ninguém por ainda não ter aceitado. Não acho nada fácil para vocês aí na Terra, com tudo que estão vendo e passando, achar que tudo está certo. Tem uma hora que até dá para entender umas coisas, mas aceitar, não. Então, como é que pode acontecer isso? Pode, uai! Tanto pode que está lá. "Ah, mas é injustiça." Não há injustiça no universo.

Tudo tem um propósito, tudo tem um sentido, tudo caminha na sabedoria divina. É a gente que, com a mente limitada, acha que é uma injustiça, que é demais ou fica procurando onde erraram ou errou, fazendo aquele dramalhão de culpado. Pior ainda pra você, que já conhece um pouco de metafísica e fica querendo saber a causa. Mas, isso até que é bom, afinal de contas é um caminho de uma análise. Já é uma procura de algum entendimento, porém, o entendimento, às vezes não vem porque você não está maduro. Para uma coisa entrar na consciência tem que ter sensibilidade específica, senão, você não entende.

O entendimento não é composto do que você sabe, nem do que você compreendeu na cabeça. Entendimento é uma coisa bem maior. Envolve o corpo todo. Então, vamos separar as duas experiências. Quando você compreendeu aqui na cabeça: "Ah, entendi, Calunga." Sim, entendeu, não tem dúvida, mas, compreender é outra coisa. É o fazer sentido, é quando cai a ficha e você sente de corpo inteiro e toma aquilo como uma verdade. Não resta mais nenhuma dúvida. É que foi aquele momento que o entendimento apareceu. Já havia ouvido o mesmo assunto vinte vezes, mas foi naquele momento que o corpo inteiro sentiu que você compreendeu. Dá uma sensação de alívio, de alegria, de satisfação. "Nossa! É isso. Agora, sim. Clareou. Entendi tudo."

Esse é o grande momento da gente, não é? Daí para frente é outra coisa, é outra postura mental. Você percebe que a consciência se expande, que teve uma grande compreensão e, então, sua vida não mais será a mesma. Vai ser norteada pela nova crença.

Quando o entendimento vem, a gente cede na vontade. Mas, ceder muitas vezes é difícil porque você não aceita que tudo está certo. Você ainda acha que tem caminho errado, que está errando, porque acredita que existe erro. É uma visão limitada sua, pois não tem erro nenhum. "Ah, mas eu peguei um caminho que me deu um trabalho, nossa!" Tudo é caminho, tudo é experiência. Esse caminho também estava certo.

"Quer dizer que era certo eu errar?" Era, porque não estava errado. Você não sabia de outra coisa diferente. Não é errado errar ou, se preferir, é certo errar. Como você pode errar se sempre foi movido por uma necessidade?

Você tem consciência da extensão disso? Acho que não. Todo seu passado esteve certo? Já pensou? Todas as culpas, arrependimentos e cobranças vão por água abaixo? Não há carma, não há castigos, não há mais dívidas.

Além disso, as águas levam também as revoltas, os desapontamentos, as frustrações, as mágoas, os remorsos, os rancores, os sentimentos de vingança. Sem falar que o vampirismo energético deixa de existir, uma vez que você se desliga emocionalmente dos outros. Seu padrão energético vai às alturas, e a energia agora é direcionada para a materialização daquilo que você quer.

Ainda acho que você não teve o entendimento da liberdade interior que este ponto de vista provoca. Pare de ler, vai. Vale a pena ficar mais tempo digerindo este assunto. "Eu nunca errei... Nossa! E ninguém nunca errou comigo, nem com os outros? É demais! Então, todas as guerras, as mais sangrentas onde morreram milhões de pessoas, os crimes mais hediondos com criancinhas inocentes, foi tudo certo? Não é possível!" É. Tanto é que aconteceu. Será que Deus andava distraído quando tudo aquilo aconteceu? Ou, então, Ele foi negligente? Ele faz coisas até piores através da natureza, onde um vulcão, com suas lavas incandescentes, soterra famílias inteiras, e nem avisou pra proteger as criancinhas. "É, mas é a natureza." Uai! E o ser humano que mata não faz parte da natureza? Para Deus, tudo é natureza. Tudo é extensão Dele. Tanto é que Ele deixa acontecer. Se não fosse certo, Deus interviria. O que era errado, não aconteceu. Ninguém ficou sabendo. Tudo está certo, tudo tem um propósito, tudo faz sentido, admita você ou não.

Mas, vamos voltar ao "eu nunca errei", porque isso é muito sintomático e não pode passar assim como se você estivesse lendo um romance. Se eu fosse você tirava uma semana só pra ficar matutando sobre isso e curtindo a sensação de liberdade interior.

Lembre-se: liberdade interior, liberdade exterior, porque o exterior é o reflexo do interior. Vai lá, pense naquele fato em que você se arrepende ou sente culpa toda vez que se lembra e diga: "eu nunca errei", ou melhor, "foi certo o que fiz; minha escolha foi certa." Melhor ainda: "foi perfeito tudo que fiz." Agora, pense naquilo que tal pessoa lhe fez e que tanto o magoou e diga: "eu o liberto, porque você não errou comigo. Muito ao contrário, foi meu amigo porque veio apenas mostrar meu ponto fraco".

Olha que coisa incrível: se eu nunca errei, então nunca erro e nunca vou errar? Vai mais fundo: se eu nunca errei, nunca ninguém errou comigo e nunca vai errar? Continue: então, ninguém precisa pedir perdão pra ninguém, ninguém precisa se desculpar? Mais que isso: acabaram os julgamentos, as críticas, as vítimas, os juízes. Nossa, que coisa mais maravilhosa! Gente! Nunca pensei que o perdão não fizesse sentido nenhum. Não dizem que perdoar é sublime? Dizem, mas há algo mais sublime que perdoar: não precisar perdoar. Só o orgulhoso perdoa porque, quando diz: eu te perdoo, já fez o julgamento: você errou comigo. Geralmente, por trás do perdão vem o recado: mas, não faça mais isso, viu? E se a pessoa fizer mais uma, duas, cinco vezes? Ninguém erra com ninguém, porque cada um é cem por cento responsável por tudo de bom ou de ruim que acontece consigo.

Nada faz você progredir tanto do que fazer as pazes com seu passado, ou seja, é a limpeza de que tanto precisa para plantar o novo e sua prosperidade fluir. O que está segurando você é seu passado. Tem tanto entulho aí que não há espaço para o novo. Como faz o agricultor quando quer plantar? A primeira coisa é limpar o terreno para que a nova plantação cresça saudável e bonita, não é mesmo?

Se eu fosse você, no próximo fim de semana ia para praia ou para o campo, num lugar aberto, amplo e, de braços abertos, corria contra o vento, gritando: estou livre como vento! Enfim, a liberdade!

Pode ver que às vezes você erra e nem sabe como. Sempre foi atento, mas naquela hora dá um troço tal que, quando vê já foi arrastado pela coisa. Aí, abre os olhos e, com espanto, pergunta: mas... por que fiz isso? Eu já sabia e fiz errado de novo. Não sabia cem por cento. Talvez agora passe a saber e não fazer mais daquele jeito. Você viu a vida como é com a mãozinha dela? Vai errar sim, quantas vezes forem necessárias. Eu faço de tudo para não errar. Aí que você erra mesmo. Mas, por quê? Porque aquele é o seu caminho.

Não é possível que eu não tenha visto o poste. Tinha um poste ali? Você é atento, cuidadoso, mas naquela hora parece que foi de propósito. Uma força agiu pra você nem olhar e meteu o carro no poste. Eu não entendo, intimamente fala. O povo vai julgar de uma maneira, mas você mesmo nem sabe como fez aquela bobeira, e olhe que nem estava nervoso, o que é pior.

Então, o que acontece? O erro é esperado. Faz parte do processo. O que você chama de erro, é o caminho, o seu caminho que dá a você sensibilidade para daqui a pouco fazer outras coisas melhores.

Não tem outra vida diferente pra você. Não devia ter sido diferente, nem foi e nem vai ser porque tudo está certo. Leve esta frase ao extremo, pois nos faz refletir sobre a magia da vida, como as coisas acontecem, porque elas acontecem, o que elas querem de nós enquanto estão acontecendo, tanto as boas quanto as ruins e as neutras. Isso vai possibilitando você enxergar coisas que hoje não enxerga porque está dividido em coisas certas e erradas, para não errar, para não dar mancada.

Esse universo de bem e mal, de certo e errado, de bandido e mocinho, de agressores e vítimas é ridículo. Há gente mais adiantada e gente mais primitiva, e mesmo sendo adiantada em algumas áreas, mantém uma dose de primitividade em outras. Você, por exemplo. Tem áreas em que está muito bem e tem outras que está primitivo. No futuro vai usar isso melhor, claro. Não tem como escapar da lei da evolução.

A Terra, nos primeiros bilhões de anos, foi bombardeada insistentemente por meteoritos dos mais diversos tamanhos, os vulcões proliferavam em toda superfície. Estava errado aquilo? Era apenas primitividade. Veja, agora que planeta lindo e maravilhoso, com uma diversidade estonteante, que o permite respirar, viver, ter um corpo físico que é uma cópia do universo, possibilitando abrigar um espírito divino, onde você vai desenvolvendo suas capacidades, suas habilidades, suas faculdades e expandir a consciência, exatamente pra perceber cada vez mais seu poder, e poder usufruir da fantástica obra da criação. É como a música do Louis Armstrong diz: *What a wonderful world!* Que mundo maravilhoso! Saia, saia por aí gritando ao vento: que mundo maravilhoso que eu tenho!

Portanto, o que é o entendimento? É ver com os olhos de Deus. Você já faz isso. Quer saber como? Puxa vida, passei tudo aquilo! Como tudo aquilo foi bom pra mim! Como tudo aquilo foi importante! Na hora você xinga, bufa, quer bater em todo mundo mas, depois, percebe o quanto lhe fez bem. Isso é ver com os olhos do espírito.

Tudo na sua vida foi perfeito para você. Tudo que lhe fizeram, tudo que fez para os outros, tudo que aconteceu e tudo que deixou de acontecer, todas as coisas vividas foram aquelas mesmas que você tinha que viver. Viver não está errado e nem poderia ser modificado, e você está onde é para estar. "Mas, eu gostaria de melhorar".

Bem, isso é coisa do futuro. Estou falando do agora. "Não, eu queria sarar esse problema meu, queria resolver aquele". Infelizmente, enquanto não tiver amor, paz, muito gosto para fazer as coisas, sem revolta, não vai ter cura, porque tudo que está aí ameaçando-o, a cada nervosinho, já vem na cabeça: cuidado que você vai bater com as dez!

É ruim agora porque você gostaria de estar diferente. Mas, para a vida, não. A vida está dando os instrumentos e a situação para que você viva essa experiência de cuidado consigo, porque não tinha. Então, a doença crônica, a alergia, a gordura em excesso, todo mundo tem um troçozinho desafiando dia após dia, porque não sacou qual é a da vida. Está só olhando na superfície e não está aceitando para poder ver no mais profundo, que isso é bom para a pessoa.

Você está muito bem agora com esse desafio, porque está tudo certo. Se você não partir para esse entendimento, não vai entender o que aquilo quer de você. E como é que você vai superar isso rápido? Pelo entendimento. Primeiro, a forma de entender é não tentar explicar, porque, senão, você vai pegar as explicações da medicina, da vizinha, da curiosa, da mulher das cartas, qualquer coisa, menos aquela que a vida quer revelar-lhe. Pode ser que tenha um médium especial que fale alguma coisa que mexa com aquilo mas, aí, vai tocar o sininho lá dentro e você diz: "Nossa! Aquilo que ele falou tem tudo a ver comigo. Deixa eu dar uma importância para isso." Então, já vem o entendimento.

A vida nem sempre quer solucionar por um sofrimento. Ela pode agir também através de um recado. Tudo tem um porquê, pois a razão da vida é lidar com você. A responsabilidade dela é fazer você se desenvolver sem parar. "Ah, mas eu queria ser feliz". Ela não está preocupada com sua felicidade. Está preocupada com seu crescimento, seu desenvolvimento. Não é que ela não ache a felicidade importante, porque o prazer ensina muito, mas não é só isso. É uma mãe zelosa que não abandona ninguém. É como a mãe da gente que, às vezes, recusa algo que nós queremos para promover nosso crescimento interior e nos darmos melhor mais à frente.

A vida não julga nada e aceita tudo. Não tem nada errado, nada perverso, e tudo é uma situação de experiência e aprendizado. O perverso é o primitivo que, com o tempo, se transforma em virtude. Tudo tem estágio, tudo tem processo, tudo está em transformação. É a lei da transformação para o melhor que é a evolução. Então, nada na sua vida, diante da lei, pode ser olhado como problema, defeito, erro. O que você deve fazer é procurar o entendimento.

É só começar a se interessar pelo entendimento que vem a ajuda, seja pelo guia, por alguém, por um livro, um curso, e a própria vida se interessa em ajudá-lo. Se você se interessa pelo objetivo que ela tem, ela tem interesse em trazer-lhe os elementos, porque sabe que do nada não vai sair. Aí chega, não chega? De repente você está em casa distraído e vem aquilo. Pá! E vai se formando o entendimento, pedrinha por pedrinha, até montar o quebra-cabeça. Então, vem a solução da questão. Às vezes não vem numa tacada só. Tudo depende de cada um, de como cada um possa receber, porque ainda não tem as condições necessárias para receber tudo de uma vez. Você vai achar que pode, mas achando ou não, não conta nada.

Para fazer você notar uma coisa que não nota, é preciso que passe pelo contrário. Se você tem uma coisa e não dá valor, não é porque você é vagabundo ou displicente. É porque ainda não tem condições de perceber. Aí, perde, sofre, passa pelo contraste e você nota o devido valor daquilo. Não adianta vir com teorias. A mente até entende, mas não sente, não discerne. O entendimento só chega quando você passa e sente a experiência da perda.

A vida está sempre, sempre do seu lado. Não interprete nada como contra. O que pode ser considerado contra é o confronto de alguma coisa que provavelmente você não estava vendo, e aquele confronto obriga-o a ver.

A pessoa que faz tudo, que sabe tudo, que diz que não sabe como os outros são, que o outro é vagabundo, que bate a boca por aí, ou no pensamento, que não tolera ninguém devido à arrogância, de repente, cai de cama doente, não pode andar, fica lá trinta dias na dependência de quem tem a caridade de ajudá-la, fizeram-se alguns laços de amor, porque se não foram feitos fica sem ajuda nenhuma. Aí, vai perceber o valor de uma amizade, vai aprender a importância da humanidade, da caridade, de respeitar os outros como são. Quem já passou fala: é mesmo. Ainda bem que eu tenho um parente que eu amo, tenho um amigo que eu amo que, naquela hora, me deu aquela mão. Claro, é o bem que ele plantou e está colhendo.

Tudo tem uma causa, tudo tem um valor. Nada, nada, acontece sem que aquilo não tenha uma intenção boa da vida. É o que você tem que procurar diante de qualquer coisa de que precise confrontar, sua e dos outros, porque aprendemos muito com os outros em volta de nós.

Aquela tia doente no hospital, toda a situação que a envolve, está ensinando-o algo positivo e valoroso. Você senta ao lado dela, vai olhando, refletindo, observando, analisando, deduzindo como é a vida, quem é aquela pessoa, como é que ela acabou ali. Todos os momentos são preciosos para quem sabe ver, e a vida prefere que você veja lá do que ver em si em primeiro lugar. Só se não tiver jeito, se não tiver o entendimento. Só será você se insistir na teimosia.

Assim, quando acontece uma desgraça com um parente, algo doloroso à sua volta, fique calmo. "Ah, isso aqui é coisa da vida. Deixa eu meditar o que quer dizer isso. Deixa eu entender como é a coisa que está acontecendo ali. Deixa eu ver com os olhos espirituais, porque a cabeça não vai responder nada, ou vai responder errado."

Então, começa a vir. Vem tudo aquilo de bom e os guias aproveitam e ajudam. É naquela hora que nasce a compreensão, o entendimento e você fica livre de prova, de passar por experiências semelhantes.

Quando você vir as calamidades, quando você vir essas desgraceiras todas mostradas pela mídia, pare. Não faça como os outros. Reflita que assim você dá oportunidade para que a luz dos guias o inspire nessa percepção. Você vai ter *insights* maravilhosos. Aí, você conversa com os outros, ou também conta suas experiências e, ao saberem, faz sempre algumas alterações em função das que você estava fazendo.

A vida é certa e a de todos é certa. Seja ela pessoal, seja em grupo, seja social. Tudo caminha numa evolução muito diferente do que você possa perceber, porque ainda não percebe a lei da evolução e que está tudo certo.

Hoje em dia, por exemplo, veja a situação política do Brasil. Já tem muita gente percebendo o que está acontecendo no cenário que todo mundo sabe: "é, eles fazem tudo isso, mas o brasileiro faz também." Todo brasileiro tem uma história de cultura que leva à desonestidade e começa, então, uma reflexão. Isso é muito bom para o país, porque o escândalo aconteceu para nascer e despertar essa reflexão, e o povo que está mais amadurecido analisa, não fica se perdendo na política, mas fica na situação de como chegou a ela, de como a gente foi criado, e aí começa a largar de vez aquela dimensão e passa a ver uma outra realidade que não percebia, mas estava dentro de você, tendo que viver com aquilo. É tão institucionalizado que você não é capaz de sobreviver sem fazer também, porque o ser humano age pela necessidade de sobrevivência e usa a inteligência para sobreviver.

A permissividade, a ignorância leva sempre ao que chamamos de corrupção. Na verdade, o que está em jogo é a necessidade. Quando o indivíduo tem uma necessidade ele usa o que tem e o que sabe para satisfazê-la. A corrupção é tão antiga e tão arraigada no Brasil, praticada pelos grupos que vêm reencarnando aqui, que ninguém consegue sobreviver se não entrar no esquema. Embora a corrupção esteja presente em todos os países do mundo, em alguns, o nível é bem menor que no Brasil porque teve outra cultura. Portanto, não queira ter um governo, um parlamento como o da Suécia aqui no Brasil. Pelo menos por enquanto não será possível, porque a energia, as crenças, as atitudes da maioria de um povo é que elege seus governantes.

Seus pais criaram muito bem vocês, e quem teve pai empresário sabe que ele sonegava, mas ele criou a família, foi um homem decente, deu emprego a muita gente, porém, se ele não desse aquele jeitinho, não conseguiria sobreviver financeiramente, profissionalmente.

Então, quando você vê a situação que está ali, não estou dizendo que é certa, apenas que é mais profunda e exige uma reflexão maior, tem que ver as razões pelas quais as pessoas são assim, as mesmas de você, da sua necessidade de sobreviver e de se virar dentro de um esquema imposto desde o início, porque você mora aqui e não em outro lugar.

Honestidade ou desonestidade é complicado a gente ver esse assunto por um ponto de vista imparcial, porque envolve a necessidade de sobrevivência e faz parte do processo de evolução que ainda está muito na primitividade.

Ao evoluir, a sociedade ensina as pessoas que, para satisfazer suas necessidades verdadeiras, há outros caminhos e elas aprendem. Hoje tem muito menos corrupção que antigamente quando a prática era escancarada e aceita como a coisa mais normal do mundo. Ainda é assim em alguns países primitivos, onde, se não der alguns dólares para o agente do aeroporto, você não entra no país, apesar de estar com o passaporte e os documentos em dia.

O Calunga enfatiza que nós já estamos com uma compreensão melhor que os nossos bisavós. As coisas vão de geração em geração. Quanto mais evolui, mais atrai pessoas com outras cabeças. É tudo comandado pelo astral superior que mistura as culturas: vamos reencarnar um monte de gente com objetivos comuns para fazer um movimento que vai devagar beneficiando grupos, depois vem outra leva, assim por diante, e isso já está acontecendo.

Veja como age a espiritualidade. No astral se desenvolve muito a espiritualidade, e estão reencarnando pessoas para fazer esse trabalho. A solução está no futuro com a ajuda de quem é melhor, porque quem vai ensinar uma coisa que não tem? São pessoas que nascem com o entendimento e não aceitam a situação como está. São os revolucionários. Elas não vão se ater ao que está estabelecido. Já, na adolescência, vão contestar, desafiar, criar problemas aos que estão ali, e aí, quem se sentir independente vai criar uma nova mentalidade, contagiando os demais. Não foi assim a geração do meu menino? (Gasparetto). A geração que, a partir da metade da década de 1960, fez revolução sexual, racial, religiosa, cultural e tudo mais?

O mundo inteiro também está passando por esse processo de trabalhar com a desonestidade porque, quando o indivíduo não tem inteligência suficiente, mas tem necessidade, ele apela para o pouco de inteligência que tem. Você também, quando vê que não tem condições vai esperar o quê? Você não vai considerar naquela hora se está sendo honesto ou não. Simplesmente está tentando livrar sua pele, está tentando sobreviver.

Por que você mente? Porque está com medo do que possa acontecer, e é bem capaz que aconteça mesmo. Então, a mentira é uma saída. Senão, você não mentiria. Tudo bem, você falaria a verdade, mas a coisa ficaria preta, muito ruim contra si e vai ter que fazer alguma coisa. "Foi você que fez isso? Eu não. Acho que eu estava incorporado". Vai dizer qualquer coisa, dependendo do que está sendo apontado na sua cara.

Isso é do ser humano. Sempre foi. Então, perceba como é maior a coisa se você a olhar pelo lado espiritual. Deus deu aquelas forças maravilhosas, mas o desenvolvimento das nossas forças vai na proporção do nosso desenvolvimento, da nossa inteligência que caminha pela vivência e, às vezes, leva muito tempo para aquilo se estabelecer. Portanto, está tudo certo. Era para ser melhor? Não, ainda. É algo que está acontecendo no meio de um processo que vai continuar, mas que um dia vai chegar numa coisa muito melhor.

Vivências e experiências do Calunga

O povo já melhorou muito. Aqui era um inferno do cão. Na minha época, minha avó e minha mãe eram escravas, e eu era alforriado pela lei do ventre livre, e o que eu vi? Primeiro, eu não via nada. Só tinha mato. Quando você via alguma coisa era ruim, era pobre, era sujo, era porco. Eu morava no mato, até que chegou o dia de eu ir para uma cidade. Uma cidade de dez ruas. Já era uma cidade. Em Minas Gerais, dez ruas já era uma cidade. A capital tinha cinquenta ruas. O resto era mato, mato, cobra, onça. Não melhorou? Melhorou muito.

Mas, a vida me ensinou muita coisa aqui. Se eu não tivesse passado aqui tudo que passei, não chegaria onde eu estou. Minha avó era parteira e era iniciada no afro. Era feiticeira, curandeira, mãe de santo. Não era muito mãe de santo assim não, embora ela conhecesse as coisas. Era bruxa mesmo. Eu gostava muito porque ela era muito meiga, muito carinhosa. Já tinha comido o pão que o diabo amassou e quando conseguiu na mesma terra ficar com o neto, para ela foi o máximo, porque às vezes os parentes eram separados, mandados pra cá e pra lá, eram vendidos como animais.

Em certos lugares já havia uma compreensão melhor e eu fiquei com ela que me ensinou tudo. Como eu era alforriado e estava do lado da minha avó, ela era respeitada, tinha certo privilégio, porque também cuidava de um monte de coisa, como trabalhar de parteira. Ela curava e até os brancos a procuravam.

Ela me ensinou todas as artes da feitiçaria e me tornei curandeiro também. Se havia uma coisa de que eu não gostava era de branco. Se vocês vissem como é que era... "Cala a boca!" E te metia a mão. Qualquer branco podia meter a mão e você não podia fazer nada. Qualquer branco podia tirar sangue de você e você não podia falar nada. Você acha que eu ia ter amor por branco? É que vocês não têm ideia, porque a história muda. Hoje é outra cabeça, mas, o que foi aquilo há cento e cinquenta anos, Deus me livre! Eu sentava o pau mesmo. Eu matava. Matava de macumba, né? Nunca me arrependi. Todos morreram porque mereciam, porque eram todos pestes. Mas, aí, como fiquei conhecido como feiticeiro, eles me deixavam em paz. Não mexiam comigo porque tinham medo: "Se você mexer com ele, você tá perdido."

Como era alforriado, eu não tinha patrão. Vivia no mato, na cabana com as minhas "negas", alforriadas também, e ninguém ia mexer com a gente. Não eram nem loucos. Se mexessem, podiam esperar que o pau comia. Mas, me respeitavam também por que eu fazia cura, cuidava de gado, cuidava dos animais e os curava também. Eu gosto muito de criação. Não tinha epidemia comigo, não. Não tinha esses problemas de doença. Os animais eram saudáveis, eu tirava os bernes, os carrapatos, benzia, curava uma porção de doenças, até sarampo. Como não havia remédios, as pessoas me procuravam, me respeitavam. Claro que eu cobrava. Eu ia viver do quê? Era uma miséria, mas tudo bem. Dava pra viver.

Aquilo tudo foi a minha vida e o ódio foi ficando, ficando. Quando eu via certas coisas, ainda mais com escravos, eu ficava revoltado. Quando libertaram os escravos, continuaram com esse comportamento porque achavam que era normal desde os tempos dos bisavós. "Cala a boca que eu te meto a mão na cara, seu negro!" E metia mesmo. Não importava se fosse mulher, criança ou homem. E a polícia, então? Sentava o pau até matar. Era negro, né? "Nego é sem-vergonha, nego é isso, nego é aquilo." Bom, não quer dizer que a gente não fosse sem-vergonha, mas, também, tinha que ser pra sobreviver. Não tinha serviço, não tinha dinheiro, você ia roubar. Roubar galinha. Fazia de tudo, entendeu? Uai! Tudo é lei, minha filha. Era o contexto da época.

A moral é relativa. A moral que vocês têm aí é ridícula. A vida é movida pela necessidade. Não estou dizendo que a gente não tenha que evoluir como sociedade e não precisar roubar ninguém. Não pense que eu sou a favor de roubar, mas estou explicando que a necessidade é que faz a situação. A menos que a sociedade eduque de uma maneira diferente, a pessoa vai para o diferente, porque ela tem outra opção. Pra que ela vai se expor num roubo se ela tem condições de não arriscar?

Ora, a questão é mais profunda. Da mesma forma, não posso esperar que vocês sejam bonzinhos se não têm a vivência para serem bonzinhos, controlados e equilibrados. Há uma verdade aí, que está andando, que os está encaminhando para o seu próprio caminho e não tem nada errado. Isso leva a um respeito, a um entendimento, a uma compaixão. Vocês precisam ter esse grau de entendimento.

Quando eu estava no auge da coisa e estava mudando, ou já pensava em mudar e não mudava, ficando na teimosia, estava entregando um trabalho de morte numa cachoeira e, de repente, me apareceu uma entidade e disse que eu tinha que largar esse caminho. Eu me comovi muito porque nunca tinha visto uma entidade de luz. Achei muito maravilhoso e assim que ela foi embora eu encerrei o trabalho. Era ódio puro que fizeram com um amigo meu, que acabou ficando louco e foi trancado em casa, na fazenda. Ficou louco porque tudo que ele comia o envenenava. Depois de alguns anos acabou morrendo de fome.

Porém, nesse tempo, peguei uma doença, uma espécie de meningite que me deixou absolutamente impotente na cama, purgando, purgando.

Era a minha lei, a do ferro e fogo. "Quem com ferro fere com ferro será ferido." Não tem nada de anormal nisso. Não foi nada de retorno. Apenas eu fiz e quando chegou a culpa por ter achado que tinha feito uma coisa errada, toda punição da minha lei caiu em cima de mim e aí começou todo aquele drama. Minhas próprias forças atuando contra mim.

Aí, morri disso. Morri e continuei num astral igual. Só que no astral você sabe: seus inimigos aparecem. Você não sabe se são reais ou imaginários. Hoje não tenho uma visão clara do que foi, mas na época eu sentia todo aquele povo que eu matei atrás de mim. Depois, estudando, constatei que muita coisa podia ser só do meu inconsciente, porque essas pessoas nem estavam lá, inclusive alguns que encontrei me disseram que não estavam atrás de mim. Foi uma coisa minha, porque lá você vê tudo que é seu, como num sonho, mas você sente aquilo como real, pesado. Eu apanhava sem poder me mexer e eles ficavam me atormentando. Como lá não se mata, eu tinha que ficar aguentando até que eu refletisse que aquilo não era justo para mim, mas também não foi justo o que fiz com eles.

Enquanto eu não me sensibilizei, ninguém veio me socorrer. Aí, minha avó apareceu pra me pegar num teste. Ela disse: "Ó, eu estou aqui." Eu me sensibilizei profundamente e comecei a chorar, dizendo: vó, me tira daqui. Sabe, aqueles dramalhões de obsedados que vocês fazem igual?

Então, ela respondeu: "Pode ficar quieto. Pode parar porque você está onde se pôs. Eu não te ensinei a ser perverso e você foi perverso. Eu te falei e você não ouviu. Agora está tudo isso aí em você. Eu só vim agora porque você está se arrependendo. Se você não se arrepender e não tentar controlar esse seu ódio, eu não vou poder fazer nada e você vai continuar aí."

Ela falou que já era mil novecentos e pouco e eu perguntei: como? "É, e você está aí ainda. Que papelão!" Ela era uma moral na minha cabeça. Ela tinha autoridade, porque era muito boa pra mim. Então, eu disse: minha vó, diga o que preciso fazer que eu faço tudo, porque não aguento mais. Depois de trinta anos naquela merda, qualquer um cede.

Quando a gente se encontra nessas condições, perde a noção de tempo. Pra mim, não se passou mais que uma semana, mas foram trinta anos. Você perde a noção de tudo e fica naquela loucura. Eu fiquei porque provoquei tudo aquilo. Então, ela falou: "Bom, pra você sair daí, eu trouxe uma pessoa que vai se responsabilizar por você." Ela inclinou o corpo de lado e apareceu o Hilário. Quando eu olhei para ele, branquinho, com cara de português, formal, de terno, bem alinhado, bonito, bem-posto, eu fiquei... Entendeu? E ela, já sabendo, falou assim: "Francisco" — eu não chamava Calunga — "não me começa. Essa é a porta da saída do inferno. Não me decepcione." Ele botou a mão para me dar, com muito respeito, e disse: "Ô, Seu Francisco, seja bem-vindo." Aí, minha avó olhou feio e eu dei a mão. Com toda gentileza de sempre, ele falou assim: "É um prazer estar comigo. Eu sei que você está estranhando porque eu sou branco, mas meu coração é preto." Naquela hora eu me arrebentei.

Minha recuperação levou anos. Tudo é lento. Você não sai daqui para ir para lá se não levar umas boas porradas e passar por umas boas experiências, porque a inteligência precisa crescer pra entender. "Ai, eu quero viver um grande amor!" Se não tiver inteligência, não vai ter. Não é porque ninguém te negou, nem a vida.

É a sua condição. Vai chegar como tudo chega, na hora que você der as condições. Quanta coisa você achou que nunca ia chegar e hoje está aí na sua vida?

Então, é assim. Tudo chega, como chegou pra mim, mas tem um caminho. A partir daí eu fui pra muita coisa e quando, mais tarde, fui fazer uma experiência de vidas passadas, em que eu me vi numa situação anterior a de ser Francisco, me lembrei que fui um austríaco muito famoso que tocava música. Era bonito, de olhos azuis, branco, que mais parecia um rato pelado. Aí caiu minha pose. Quem somos, né? O que é o corpo? O que é a pele? O que é a raça, se é homem, se é mulher, se é gay, se é baixo, se é alto, se o peito é pequeno ou grande, se a bunda é grande ou pequena? De que adianta tudo isso, porque tudo acaba, se transforma e só ficam os resultados das experiências para seu crescimento. Quando você tem esse entendimento, acaba com toda espécie de soberba, arrogância e preconceito.

Foi na encarnação de Francisco que eu aprendi muita coisa. Aí, falei que não ia largar essa cor. Quando atingi o ponto em que eu podia mudar a forma física — eu me lembro de todas as minhas vidas passadas, mas não me emociono, nem me contagio com as lembranças — em que posso transformar meu perispírito numa forma que ele já conhece, eu não quis. Ah, não. Quero ficar assim mesmo. Já estou acostumado e gosto muito dela.

Foi aquele negócio de trabalhar, trabalhar, até lavando vômito dos outros, cuidando de doentes que chegavam do umbral. Às vezes o doente desaparecia da cama e voltava para o umbral. Eu saía gritando: o homem sumiu, o homem sumiu. — "É normal", dizia o Hilário. "Não está na hora dele." Ai, meu Deus! Nunca pensei entrar numa dessa. Então, o Hilário acrescentou: "Isso é o bom pra você. Vou puxar um dom que eu sei que você tem, que está lá dentro um grande homem. Um grande espírito de luz. Ele pode mexer nisso na gente." Então, ele foi lá dentro de mim e puxou um dom especial, fazendo com que na hora em que eu passasse a mão na pessoa, poderia sentir tudo o que ela sentiu na encarnação dela. Não é nada lindo, meu amor. Quando eu estava limpando, pegava aquele povo que tinha vivido coisas trágicas, porque era primitivo em certas forças, criou dramas, viveu dramas. Eu limpava tudo aquilo e sofria junto.

O Hilário sabia que eu tinha força porque a magia me deu concentração. Eu suportava, mas, eu saía estressado. Fiquei dez anos ali, limpando, limpando, que até chefe me tornei. Já organizava tudo e foi nessa época que aproveitei para estudar e fiz também a escola de exu. Fui andar com os exus para fazer trabalhos de ajuda. Aí, eu entrei na corrente dos Calungas. O nome certo é Calungada ou Calungá. Entrei ali porque eram meus elementos. Por isso, me chamam de Calunga, mas meu nome é Francisco.

Quando cresci e reconheci minhas encarnações, eu já estava estudando e me encantei com as leis da vida. Então, fui para a universidade e fiquei estudando e trabalhando muitos anos. Vocês costumam falar que a vida aí é ruim porque trabalham muito. Por favor, não morram! Aqui, depois de um tempo, nem três horas por noite a gente descansa. O espírito acorda, está cheio de energia, não tem mais o fardo da matéria, vai fazer o quê? Vai fazer coisas, principalmente aquelas de que gosta. Aqui tem samba, tem arte, tem festa, tem tudo. Isso tudo, aqui, não é considerado lazer. É uma necessidade. Eles não deixam trabalhar muito tempo sem sair e pegar uma festa.

É preciso fazer alguma coisa, descansar, repor, se recompor. Há muita consideração pela natureza dos nossos bichos, mas os bichos querem ação. Então, você vai para o trabalho e, sem o peso da matéria, você é diferente. Porém, quem não tem concentração, não tem êxito. Se entrar na conversa da mente, se não souber focar, se não tiver controle mental, está perdido. Vai viver no umbral. Aquele que tem, se sai muito bem, e eu tinha por causa da magia. Eu podia ser um bicho, mas eu tinha. Quando eu cedi, porque tive minha lição, eles acharam que era bom investir em mim e aproveitei a chance, porque não sou bobo.

Eu entendi como a coisa funciona, mas, o entendimento não veio do dia pra noite. Veio pelo convívio, pelas vivências, pelas experiências no corpo. Trabalhando com a desgraceira humana por dez anos, pegando na porcaria de todo mundo, na dor humana, no drama humano, minha mão foi se abrindo.

Depois de seis anos que estava lá, eu já não queria sair mais. Já tinha me envolvido com minha compaixão e hoje estou aqui com vocês. Aquele lado que eu não tinha foi sendo puxado depois de muito sofrimento. Sem aquela vivência eu não entenderia o outro, não aceitaria essas besteiras da minha época porque era muito forte essa coisa de branco e preto. Vocês não têm ideia de como era. Se queixam de pai e mãe porque foram um pouco mais duros, não fazem ideia de como esse Brasil melhorou, de como os negros estão melhores.

"Ah, você não é mais escravo." E daí? O que faço agora com a minha vida? Teve gente que nem largou os patrões porque não tinha o que comer. Fazia qualquer serviço a troco de comida. Essa miséria, essa pobreza, essa cultura vem daquela época. Depois veio a miscigenação das raças e hoje é tudo mulato. Esse povo pobre aí — não estou dizendo que todo mulato é pobre — mas essa maioria veio daquela miséria, largada da escravidão, dos índios que se marginalizaram. Infelizmente ainda está aí. Nas gerações futuras vai acabar porque toda a sociedade está revendo as condições. Por enquanto é assim mesmo, mas a cada geração vai se depurando mais, não as raças, mas a compreensão, o entendimento, a aceitação.

Não me queixo da minha história, não. Através dela pude conviver com muitas experiências extraordinárias. Tive muito aprendizado, e o Hilário, que é meu grande amigo hoje, sempre me valeu muito, me ensinou muito. Às vezes eu brincava com ele: você é o branco mais preto que eu conheço. É a força do espírito, né? Ele falava: "vai lá dentro", e eu também, por força do meu espírito, sentia vontade de ter o entendimento. Eu queria me despertar e fazer com que as pessoas sentissem a humanidade, porque eu senti que me transformou plenamente em poucos anos. Levando-se em conta a eternidade, foi pouco tempo, embora tenha sido um trajeto custoso, porque nada vem de graça. Você tem que se esforçar pra chegar a uma condição melhor que lhe dê poder, que lhe dê uma situação confortável.

Quando eles me levam aos planos superiores é muito engraçado. Na primeira vez eu não via a hora de ir embora. Cheguei lá e quem encontrei? Os bacanões. Você vê um bando de jovens alegres, brincando como adolescentes. Perguntei: quem é esse povo? "Isso é o plano superior", disse o Hilário. Eu perguntei se ele estava brincando comigo.

Eles chegam, modernos, descolados, falando do jeito deles, dando gargalhadas, mas quando você olha nos olhos deles, tem tanta luz, tanta vida. Ninguém lá é velho, começa daí. O corpo na melhor forma, todos lindos. Pobre nem passa perto. Todo mundo muito bem vestido com as roupas que gostam, superexóticos. Uns deles com pele de onça desenhada nas costas, como tatuagens. E a tecnologia, então? Não se sabe onde está. Vai ver é uma coisa minúscula que está no dedinho. Eles apertam um ponto e sai uma tela lá na frente. Você não sabe o que é evolução, tanto tecnológica como espiritual.

O Hilário pediu pra conversar com um deles. Fiquei encantado. Se soubesse tinha ido de branco, não a roupa, mais arrumado e calçado. Mas, pensava comigo, tenho que ser eu. Ele me deu a mão, e o Hilário perguntou, só pra me mostrar: "Quantas línguas você fala?" "Trezentas e dezesseis", respondeu. Eu olhava para o Hilário e pensava: ele está me gozando. E quantas dessas línguas são vivas? — perguntei. "As vivas, eu falo todas, as outras são as mortas." Um moleque. Parecia ter uns dezessete ou dezoito anos. "E aí, negão, como é que é?" Assim, bem à brasileira, falando um português perfeito. Você confia na hora numa criatura dessas. De uma compaixão, de um entendimento, de um carinho, de um respeito que chega a comover. A alegria, o contentamento, salta aos olhos. A pele sorri, os cabelos sorriem, é uma coisa!

Então, eu me senti meio deslocado na primeira vez. Fui muito com cara de adulto. Não estava nem bem vestido. Tinha gente lá com a aparência negra, mas muito melhor que eu. Gente atrasada é fogo! Vive se comparando. *"É uma honra conhecer você, Francisco."* Ai, meu Deus! Eles são maiores e já estão me pondo lá em cima? Que eu sou esperto, sou. Sou mineiro, uai! Ah, tá bão.

Fiquei pra fazer as coisas que o Hilário queria que eu fizesse e visse. Voltei outras vezes porque eles convidaram. Falaram lá para o Hilário: "manda aquele negão Chico subir", e eu ia e conversava. Vi ali umas babalorixás muito antigas, de muita luz, porque lá só espíritos de luz frequentam. Só espíritos dos potentados. Eu vi uma babalorixá que eu quase morri, gente. Ah, nega! Moça, né? Porque lá não tem velho, nem gordo. Chega aquela menina de vinte anos e eu permaneci com a minha aparência de mais idade. Eu tenho quarenta anos agora e eles lá, por volta dos vinte. É uma imagem que já provoca uma coisa.

Apresentaram a babalorixá, e o Hilário falou assim: "ele quer uma sessão com você". Ela disse: "pois não". Entramos, sentamos num banco, aí ela passou a mão no corpo inteiro. Meu Deus do céu! Fiquei estático. Surgiu um orixá, com toda a sua força. Não estava mais ali a forma de mulher. Era uma forma meio animal meio humano, aquela coisa. Uma aura multicristal, um negócio tão incrível que, quando ela fez assim e se transformou, transformou também o ambiente em que eu estava. Ah, meu amor! Eu estava sentado em cima de um cometa e vi o universo inteiro como se não tivesse chão. Gente, o trabalho que essa mulher fez... Enquanto fazia, chamava as forças e as forças vinham em mim. Entravam pela coluna e eu era transportado para lugares que nunca imaginei que existissem no universo. Eu via as galáxias, via coisas que você nem faz ideia. Ela era Nanã e me transportou para o universo, para as estrelas, para as galáxias. Mas, não é a visão. É a sensação. Você perde a noção de gente, você é o próprio universo. Eu nunca tinha tido uma iluminação assim, nem contato. Melhorei, melhorei como você. Ainda estou melhorando, mas ter uma iluminação dessa, você não espera.

Aí, quando ela sentiu que eu já não estava resistindo porque estava me perturbando, puxou o véu pra ela e voltou. Isso foi uma sessãozinha. Eu fiquei duas semanas abalado. Não conseguia trabalhar. O que era aquilo? O que era aquilo? Questionava. O que era uma babalorixá de gabarito, eu não sabia. Onde está esse ser? Aí, fui estudar muito, porque aqui a gente tem estudo sobre isso para aprender como são essas forças do universo que se manifestam nos seres, seres esses que se tornam deuses. Aquilo foi a coisa mais linda que já vi. Ela era uma deusa.

Depois que passou a experiência, ela voltou à pessoa simples. Gente, eu estava com uma deusa, uma mulher que está comprometida com forças do universo. Um ser que vive no universo acoplou nela. Ela é uma deusa. Deuses, deusas, existem. Essas pessoas já conquistaram tal faculdade. A individualidade dela tem isso. Ela disse: "Ó Francisco, tudo bem. Voltei, senão você não ia aguentar nas pernas". Ela, brincando, bem humana, e eu não falava nada. Só dizia obrigado, obrigado, e batia a cabeça no chão. Aquele palhação! O que você faz nessa hora? Fica bobo. Eu tinha vontade de beijá-la e ela: "Não menino, não faz assim não. O que é isso?" E o Hilário: "Não é bom você reverenciar assim. Eles não gostam."

Foi lindo demais. A vida ainda reserva muita coisa boa pra você. Nunca pensei que pudesse passar por tudo que eu passei e que ainda vou passar. Então, resolvi arranjar um médium pra vir trabalhar com os brancos, com os pretos, com todos, na alma, na ciência da vida. Foi aí que eu encontrei o menino (Gasparetto). Me disseram: "Vai pegar logo um que é barra, muito concorrido. Veja lá se consegue cativá-lo, porque ele é que manda nele. Se não conseguir cativar, você não fica, hein?"

Esse menino é muito bom. Não foi difícil, não. Foi difícil tirar os costumes espíritas dele, mas, do resto, ele já percebeu. Logo me sentiu e me entendeu. Aí, quando eu comecei a incorporar, ele segurava porque queria disciplina naquela educação espírita, então eu o deixava com dor de cabeça. Ele questionava se era das trevas, e assim foi até que uma hora ele soltou.

Então, pude mostrar a ele que a jogada era trabalharmos juntos por um tempo e de ajudá-lo a carregar essa nova revelação de verdades aqui no Brasil.

Isso não é uma forma de compensar o mal que eu fiz e a briga que eu tive. A vida não cobrou assim de mim. Eu venho porque eu gosto, porque eu entendi que todo mundo é todo mundo e que não importa o corpo. Tem que olhar para o que está dentro e não para o corpo.

Então, exercite isso. Se é velho, se é moço, se é criança, se é preto, se é branco, vai olhando para o que está atrás, vai olhando a verdade. Não se perca pelas aparências porque não vale a pena. A vida está certa, tem muita coisa boa, mas, para isso, precisa passar pelas experiências. Nada do que você passou passará da mesma forma. Vai ajustar, ensinar, sensibilizar, vai preparar para novas etapas do seu raciocínio, da sua inteligência, das suas capacidades. Nada trabalha contra nós.

Isso não impede de que aí na Terra você escolha: isso é bom, isso é ruim e não vou fazer. Cada um está no seu arbítrio, experimentando seu arbítrio, aprendendo a acertar e errar. Essa é a verdade e a verdade vai capacitando você a enxergar além. Estude tudo o que acontece, discuta com os amigos. "Ah, porque faço assim, faço assado, mas ainda não aconteceu." Não aconteceu por quê? Porque tem que viver, tem que sentir, tem que passar por uma série de coisas pra ficar sensibilizado até a ficha cair. Não é que você não quer. Você quer, mas não tem condição de ir além do que você tem. Se tivesse, já teria ido.

Portanto, relaxe. O que conta é a essência e não a aparência. O que conta é o que você leva da experiência e o que lhe serve. O resto não interessa: a casa, a situação financeira, as pessoas, a profissão, o que você faz, se aquela pessoa é especial. Se tem alguém especial é porque o serviço dele está mais capacitado e não quer dizer que é melhor que você. Você também é capacitado em coisas que você sabe fazer. Tudo é experiência, vivência e cada qual está na sua, exatamente naquela que precisa para desenvolver mais habilidades, mais virtudes, mais capacidades para expandir a consciência.

Reflexão

O importante é: eu não temo a vida, porque não importa o que aconteça, sei que será para o meu bem. Eu quero que você guarde isso na mente e no coração. Eleve-se para fazer um tributo à vida e às forças da vida que nos ajudam. Eu não estaria aqui se os amigos espirituais não me ajudassem na hora certa, no momento certo.

Não há nada na Terra que não venha do plano do alto. Não há nada que aconteça nesse planeta, aqui na materialidade, que não seja algo que o astral superior não queira.

Quando ele quer, ele reencarna as pessoas certas para fazerem as coisas certas. Inspira essas pessoas para que elas contribuam com a Ciência, com as artes, com a política, com a religião para que elas façam o que a maioria não consegue fazer.

Nada, nada está acontecendo aleatoriamente. Nem guerras, nem nada daquilo que nos indigne. A gente fala de muita maldade humana, mas ao mesmo tempo, veja como a vida também maltrata certas pessoas. Você mesmo já foi maltratado pela doença, pela falta. Troque a palavra "maltrato", por sensibilização para despertar, para entender, para compreender, para evoluir. Então, não há essa agressividade cretina, nem a violência absurda e injusta, mas a necessidade de cada um passar por algumas coisas que façam sentido, que o preparam para mudanças e melhorias.

Com esse entendimento, passaremos a olhar nossa vida por ângulos muito melhores, mais facilitadores e não resistiremos ao chamado da vida. Compreenderemos e ajudaremos. Então, a vida nos gratifica muito e ganham-se presentes fantásticos dela, oportunidades impensáveis.

Esse povo lá que eu fui visitar, os grandes mestres da espiritualidade que eu conheci, eles querem tirar uma pessoa daqui e pôr lá, tirar de lá e pôr aqui. Eles fazem tudo, eles movem o planeta. Não tem uma chuva, não tem um tsunami, um furacão, não tem nada que ocorra sem que eles não estejam ali cuidando, dirigindo.

Você não faz ideia da cabeça de uma criatura que atingiu esse nível. Quando eu fui lá, fui só pra ter mais confiança na vida. A gente fala tanto dos problemas da Terra e eu aprendi que tudo é funcional. Esse povo maravilhoso me mostrou como eles fazem e eu fiquei encantado.

Somos um berçário de almas surgindo, guiados por pessoas absolutamente sábias e carinhosas. Ninguém está perdido, ninguém vai se perder, ninguém vai ficar de fora, ninguém é rejeitado.

A vida, com esses seres manipulando o conhecimento da ciência, nos abraça numa aventura espetacular. Abra-se para sentir isso que pouco a pouco vai sendo lhe mostrado. É um privilégio do espiritualista poder ver além do convencional, poder agir com um brilhantismo humano e elegante diante de várias situações, num desapego e numa visão independentes, extraordinários, sentindo que seu compromisso primeiro é com você, com sua vida, e sentindo, também, que um grupo fantástico de seres o acompanha na encarnação.

Quando você surgiu do berço divino para se manifestar numa consciência, veio num grupo e esse grupo caminha junto.

Tem gente do grupo que saiu primeiro, tem gente que saiu depois, mas é um grupo só. Então, tem gente muito bacana no seu grupo que são irmãos como num cardume onde um peixe se mexe para uma direção e os outros o acompanham.

Eles amam você de uma maneira que acho que nem você se ama tanto. Eles precisam de você como você deles, principalmente nessa sua jornada. Portanto, peça sempre para que eles se aproximem. Procure, com o seu pensamento, chegar neles. Família espiritual, amigos, chame como quiser.

Vêm, me fazem sentir essa conexão, porque na Terra a gente se envolve e se esquece e eu não quero esquecer a este ponto, embora o esquecimento seja bom de um lado, mas não posso esquecer que comigo caminha gente boa, e que em cada momento que eu passei na minha vida eu senti esse povo lidando, fazendo acontecer milagres.

Eu sei que era, eu sei que esses milagres decorriam da minha fé, mas, os agentes foram os amigos e na hora dos meus sofrimentos, das minhas provas, nunca estive só e nunca estarei. Claro que não quero mais passar por nenhuma, mas se tiver que passar, passarei e quando chegar passarei melhor, mais rápido, mais interessante do que vivi.

O importante é o que eu conheço, ganho e que, cada minuto da minha vida aqui, agora, tem um valor diferente, um peso diferente e isso é tudo o que eu tenho agora. A espiritualidade dentro de mim, na minha intimidade, é a isso que pertenço, e é a isso que um dia eu volto. Aquela sensação de saudade de um lugar que não sei onde, é real.

Sei que tudo é temporário. O importante agora é o quanto posso aprender com tudo que está acontecendo à minha volta, para tirar o máximo de proveito a meu favor. Quanto mais compreendo, melhor ajo, quanto melhor ajo, mais consigo. Assim, realizo e satisfaço minhas necessidades, meus anseios e me sinto completo, preenchido e alimentado.

Fique na paz.

6
Aceitação

Aceitar não é se conformar. Aceitar é permitir que você confronte sua consciência com o fato. É o ver, é o "é", é o real. Primeiro, a gente diz: "é, isso é verdade." Aceitação é isso, seja com relação a um fato doloroso, seja com algo prazeroso. Claro que aqui, por motivos óbvios, vamos tratar apenas daquilo que causa desconforto, desde uma pequena dor a uma situação traumática, mas a lei é a mesma.

Uma vez confrontada e aceita a situação, a gente pode estudar, analisar como funciona, como não funciona. Só posso estudar e só posso trabalhar o problema se primeiro aceitá-lo, que é para possibilitar o contato com aquilo. Quando você não aceita, significa que não quer ter nenhuma espécie de contato. Você evita, está negligenciando, fugindo da raia, se acovardando, jogando em baixo do tapete. Apenas está postergando uma tarefa sua que mais cedo ou mais tarde fatalmente vai voltar aumentada, até que você a enfrente.

Não tem como. O que você fez ou deixou de fazer é obra sua e só você pode transformar. De nada vale pedir aos guias, aos anjos, aos santos, a Deus pra resolver seu problema. Não adianta rezar, ajudar os outros, ser caridoso. O máximo que podem fazer por você é ajudar, indicar um caminho para você resolver o que é seu, como este livro está fazendo.

O real está aí e ninguém vai lidar com ele sem aprender como funciona, para saber o que se pode fazer de melhor. Você sempre pode fazer alguma coisa. Você é todo poder. Se disser "não aceito", estará negando a consciência.

Segundo a lei da consciência, tudo que você não aceita vem multiplicado. As pessoas confundem aceitação com conformação. Repetindo, aceitar é deixar minha consciência entrar em contato com aquilo, porque aquilo é. Conformação é aceitar que aquela forma deve ser assim mesmo.

Eu posso aceitar que o fenômeno está lá, mas percebo que está errado, que pode melhorar, que pode passar para um nível maior. Eu aceito que errei. Eu aceito que alimentei um mal em mim.

Os outros me criticaram e eu guardei, eu dei força. Eu aceito o fato de ter dado força. Claro que não é bom, mas eu aceito, porque se eu digo "aceito", eu estou assumindo responsabilidade. Eu aceito que nutri, que sou o responsável e, se eu deixei, agora tomo uma atitude de não deixar mais. Vou fazer o contrário, ou seja, eu posso articular. A articulação só vem para a inteligência se houver aceitação e assumir responsabilidade. Ora, eu estou nisso, eu tenho uma parte nisso, tem a ver comigo, logo, sou eu. Estou deixando uma coisa ser.

Com o que você se incomoda? "Ah, tem muito assalto na cidade". Por que você se incomoda se você não foi assaltado? O que você tem a ver com aquilo? "Ah, porque não é bom, porque tenho pena dos outros". O que é isso? Você está metendo o nariz onde não é chamado. Está assumindo um problema que não é seu. Isso é loucura, pois eu só sou responsável por mim. Se não estou sendo assaltado é porque não estou fazendo nada de errado, então vou continuar na minha. E o outro? O outro é o outro. Quem disse que você tem a ver?

Até porque você não pode fazer com que ele mude por dentro, pois, tudo só muda quando a pessoa muda por dentro.

Eu aceito que ele é assim. Eu aceito que ele tem essa experiência. E quando você aceita você pode dizer, não, eu não sou responsável. É ele. Ou seja, tomei contato com a verdade da coisa. Eu não neguei, eu fui e olhei com o meu conhecimento. Às vezes, pode até ser que dê pra dar uma orientação, dar um caminho, porque naquela hora posso fazer. Se a pessoa vai usar ou não é outra conversa, mas fiz o que deu na hora.

Portanto, estamos vendo que, quanto mais você aceita e respeita, mais é ouvido e aceito, e a pessoa escuta e melhora. Ter a ver é relativo, porque a pessoa tem que lhe dar licença pra ter a ver. Quem acha que tem a ver está desequilibrado, pegando do coletivo. Ora, isso não é bom pra gente e também não ajuda a pessoa em questão, pois ela só vai procurar ajuda quando estiver pronta. O mestre só aparece quando o aluno está pronto.

Aceitação é a permissão de tomar consciência da situação, o que não quer dizer que a gente está aceitando no sentido do que é certo e errado. É simplesmente entrar em contato: isso é assim, isso é assado. Mas, como é mesmo? Assim, assim. Aí, vamos perceber o que tem ou não a ver conosco, o que podemos ou não fazer. Isso é real.

Aceitação é a permissão que você dá à sua consciência de ver o real. Não só o real em si, mas se o real tem a ver com você ou não, porque você se mete muito. Nessa coisa de que você é maravilhoso pra compensar seu complexo de inferioridade, acaba se metendo onde não é chamado. É só um mecanismo de compensação que lhe arruma encrenca. É uma disfunção. É morbidez.

Portanto, aceitar é permitir à consciência ter contato com qualquer fato. E se você negar a consciência ela vai exagerar para que você veja. Essa é a lei: a tudo que você nega, a consciência traz de volta pra você, exagerado apenas para você confrontar.

Não aceitar é arrumar conflito. Aceitar não é se conformar, porque se conformar é não fazer nada. Não, eu aceitei, mas não quer dizer que não vou fazer nada. Eu aceito que a pessoa está na droga, aceito que é coisa dela, mas eu não sei se ela acha bom ou não, se quer sair daquilo ou não. Se disser que sim, vou ver como é que posso ajudá-la. Eu, pra mim, não é meu caminho, mas também não sou conformado. Como o poder está na mão dela, é ela que toma droga, é ela quem decide. Aí sim eu posso me conformar: ela não quer. Eu aceito porque não posso e não tenho condição de interferir.

Já, na política, nas coisas da sociedade, é diferente, porque todo mundo é uma só voz, e se não falar e não fizer sua parte quando vê que as coisas não estão indo bem, que estão querendo ir por um caminho que você não quer, não estará confrontando. Sua responsabilidade é usar sua voz. Quanto mais sucesso você tem, mais você influencia. Isso é participação social, isso é democracia. Você aceita que a coisa é assim e vai trabalhar para que seja melhor.

Se você não partir da realidade e olhar para ela, se você não olhar para o estado em que se encontra seu jardim, você nunca vai melhorá-lo. Então, vai cuidar, e depois que aceitou a realidade: "Nossa! Preciso molhar mais meu jardim, preciso fazer assim, assado". Daí a pouco o jardim começa a ficar bonito.

Portanto, aceitar é permitir. Só que usar a palavra "aceitação" no Português, vão achar que é conformação. Então, vamos falar "ficar consciente".

Fique "consciente de" ou seja, olhe pra coisa, veja que a coisa existe. Entenda, procure olhar para trabalhar, senão você não vai poder lidar com nada na vida. Depois de você aceitar que seu pai é realmente uma pessoa difícil de se tratar, de que não tem jeito mesmo, aí é que vai se virar pra lidar com aquele velho chato. Assim é com qualquer pessoa.

Pare de brigar. Quem não aceita não aprende a lidar, nem melhora, nem nada. Só fica revoltado, negativo, se poluindo de toxinas e sujeito à doença.

É preciso acionar Deus em mim

Somos um saco de necessidades. Tudo temos no potencial, mas precisamos acionar. Quando você aciona, se materializa e supre a necessidade. Não é porque você tem tudo que tem as necessidades preenchidas. Você está com fome, pois a fome é sua necessidade. Aí, vê que a geladeira está cheia. Para matar a fome, você tem que ir até a geladeira e preparar a comida. Tem que acionar. A comida não vem direto na boca quando você está com fome.

A mesma coisa é na vida. Você tem tudo, porque Deus fez um banquete enorme pra você, mas você não pega e passa fome. Você acha que vai cair do céu e não aciona. Para materializar é preciso acionar Deus: EU ACIONO DEUS EM MIM.

Deus só reage quando acionado. Não tem força maior que o arbítrio. Deus só se manifesta se você acionar as fontes divinas em si. É simplesmente acionar, como aciona o bicho, a alma, tudo. Eis a grande mentira que estava aí: disseram que Deus estava lá em cima pra você não ter o poder de acioná-Lo.

Quando você tiver o poder de acionar Deus vai pegar seu banquete inteiro. Não é teórico, não é teológico. Não estamos falando de teoria, mas de sentir, de testar, de empirismo, de ciência. Quer um carro novo? Aciona Deus em si para comprá-lo. Quando você pede ou só mentaliza, não está acionando o poder divino de criação. É preciso agir, pôr Deus a trabalhar para você, como o bicho, como o exu natural. Não há diferença desses aspectos de Deus que são sombra e luz, porque tudo é Deus. Quando falo "eu aciono Deus em mim", estou acionando partes profundas das sombras, a essência da fonte da vida material, o Deus que fez os mundos, as dimensões, as faixas e os universos.

Quando você diz "eu aciono Deus em mim", Ele vem. Fale assim: eu aciono Deus em mim. Me purifique agora. Me tire as máculas que possam estar em meu ser. Me tire as máculas de todo mal que peguei quando as pessoas me insultaram, quando as pessoas me xingaram, me criticaram, me machucaram e eu guardei com tanta força, porque não sabia fazer outra coisa. Mas, agora, estou por cima. Tire isso de mim, me desamarre pra viver, porque com esse medo me amarrei, me machuquei tanto, mas, agora, estou por cima e não tenho mais medo de nada.

Quando você diz assim, o bicho começa a desamarrar tudo. É a mais profunda espiritualidade: acionar Deus em si. Você tinha o espírito perdido pelas máculas negativas. Agora está recuperando instantaneamente a consciência de Deus em si.

O banquete está lá, mas tem que ativar. Se não ativar não vai tê-lo. O dinheiro, o amor, a saúde, tudo que você quer. Nada é negado a ninguém, mas tem que ser acionado. Por isso que você é vontade, é ação, é escolha, é motivação. Deus é sensorial e sensual. A sombra é a mesma coisa. Luz é leveza, brilho, mas a sombra é sensorial. Mexe tudo.

Tudo é contágio. Por isso, quando você está num certo ponto da sua vida, contagia tudo, para o bem ou para o mal. Então, acione sua força, seu bem e vai se libertando das cicatrizes do mal.

Nunca mais aconchegue o mal. Nunca mais se defenda. Aja. Ative suas forças. Não dê nenhuma chance. A melhor defesa é o ataque, a vibração.

Não peça a Deus. Quem pede, primeiro não acredita no poder Dele, porque Ele sabe do que você precisa, depois, tira Deus de si e põe lá fora como as religiões, em geral, fazem. Mande-O fazer, mesmo que seja com raiva, pois a raiva é a própria manifestação da sombra. E o que é a sombra? É o deus interior responsável pela materialização.

Toda vez que aciono Deus, Ele faz acontecer e é Ele próprio que ganha. Esse é o propósito divino em mim. Eu ganho e Ele ganha. É isso que quer dizer "pedi e recebereis", e que o povo ainda não entendeu.

Deus lhe deu tudo mas, agora, O acione. Deus está no latente e você precisa pô-Lo no vivente. Sua ação é a porta, senão, Ele permanece no potencial. Quando você O aciona, Ele adora, porque você é o canal da vida Dele.

7

Lei da consciência

A lei da consciência começa na lei da evolução. Tudo sai do latente, do menor e vai se expressando, se expressando, se expressando, como o universo que era infinitamente contraído e de repente explodiu no *big bang* e continua expandindo. Na verdade, o que explode e amplia é a consciência divina, e as consciências individuais nada mais são que a expressão da consciência divina. Cada ser humano e tudo que existe no universo são matéria consciencial se expressando diferentemente, conforme a lei da unidade: tudo é único.

A consciência vai crescendo e tudo que está junto segue esse crescimento, nessa expansão, para sempre ver mais, perceber mais. Esse é o ritmo de todos os seres. Em cima dessa realidade física não pode haver consciência que embute, que retrai. Tudo se expande. "Ah, mas eu não quero, não concordo, não vou olhar, não quero saber", e enfia lá no inconsciente.

O espaço do inconsciente é o espaço que a consciência ainda não notou e você jogou um pedaço pra lá. Aí, a consciência diz: "Como é que é? Negou?" Ela reage: "Ah, não senhor. Agora você tem que voltar e pegar o que relevou. Eu não posso dar um pulo daqui pra lá. Está faltando um pedaço aqui. Não tem disso não, de esconder."

A própria consciência, pelo processo da expansão, puxa para a consciência. É automático. "Ah, eu não queria ver." Está bem. Aí, quando ela puxa, e você está aqui na cabeça negando: "Não quero ficar consciente", porque você tem arbítrio, o que ela faz? Ela aparece em qualquer outra zona da consciência.

A consciência se expande em zonas. Aquilo que você está pensando é a zona interna da cabeça, mas ela está se expandindo no subconsciente, no inconsciente, no ambiente. Então, se ela não pode chegar na sua mente e você não quer sacar a coisa, ela age fora, no ambiente, na ação de alguém, onde você é obrigado a ver.

Não tem como dizer não. "Ah, mas eu não quero mais que isso aconteça na minha vida." Vai acontecer assim mesmo, porque o eu consciente não está tendo poder pra fazer vir tudo do inconsciente direto para o ambiente.

O que a gente diz da lei da consciência? Tudo que é significativo e você não quer encarar na sua existência, vai aparecer exaltado. Por quê? Para você ver, notar, tomar consciência. Não viu pequeninho, agora vai aparecer grande.

Por exemplo, você é implicante, mas acha que não e quer se esconder. Mas, ao mesmo tempo, você está dizendo: "Eu quero ir. Deus me ajude, eu quero ficar rico, eu quero ser assim, eu quero chegar lá."

Os anseios do espírito estão lá, também estão crescendo e nunca acabam. Você está querendo ir, mas não dá pra ir sem pegar o pedacinho e botar na cabeça. Então, começa a aparecer no ambiente. Gente chata, implicante, aparece na sua vida. Parece que é de graça, mas não é. Está apenas voltando pra si aquilo que você tem igual e não trabalhou.

Foi por causa da lei da consciência que os hindus acharam que havia carma. Porque, logicamente, a gente joga pro fundo muita coisa que é censurável. Então, eles achavam que você estava pagando tudo que fez através daquilo que era uma praga na sua vida. Não. É tudo por causa da evolução. Tudo que você deixa pra trás mal resolvido, não conscientizado, não assumido, a consciência vai trazer de volta pra você assumir, para você resolver.

Você diz que seu chefe é chato. Vamos fazer um experimento? Feche os olhos e imagine que você é seu chefe. Veja o que você sente. Logo, vai perceber que aparece em você a implicância, ou, então, você não quer saber de nada. Perceba o que em você é igualzinho ao seu chefe. "Ah, eu também sou um pouco implicante." Não, você é muito implicante. E com o que você implica? "Ah, eu não gosto disso, não gosto daquilo." Você traz suas razões. Você pode, mas, o chefe não pode. Por que o chefe está lá? Porque você não aceita a realidade que você é implicante.

Agora eu digo pra você: aceite e assuma total responsabilidade por isso. "Eu não vou jogar pra inconsciência. Eu vou encarar essa implicância em mim." No minuto em que está dizendo isso, some do chefe. O chefe para com a implicância e aquele fenômeno cessa.

Assim, você está com o poder de fazer alguma coisa a respeito. Se você realmente combate aquilo, joga pra fora, supera, nunca mais na sua vida uma pessoa chata vai cruzar seu caminho e, em consequência, você dá um salto no seu progresso, já que pegou aquilo que precisava fazer e fez. Assim, a consciência se expande.

Sempre antes do progresso há a crise. Agora você entende por que tudo segue a lei da consciência, até na sociologia, na antropologia, na política, e em todas as áreas da vida de cada um. Tudo segue a mesma lei, a lei da expansão da consciência na evolução. Veja aí com você se não tem ocorrido isso na sua vida. "É, depois que passei por aquilo melhorou bastante".

Noventa por cento das doenças é isso, que é pra ver o que é que a pessoa está fazendo pra si ou deixando de fazer. Como é que alguém pode querer isso, querer aquilo, querer paz? "Ó, Deus, me dê paz." Olha, você pediu, hein? A Lei vai trabalhar pra ela ter paz. Tem esse negócio aqui que você escondeu. Ela se atormenta, se aprisiona, tem medo, se força, se machuca, fica negativa, se critica, como pode ter paz? Não tem como.

Então, a lei vai trazer-lhe uma doença, uma dor, pra ela ver o que está fazendo contra si.

Por que doença? Porque a pessoa não controla o bicho, o corpo.

O corpo também é uma zona da consciência. Na cabeça a pessoa não deixa, não concorda e enfia lá atrás. Então, vai pro corpo, somatiza.

Freud já tinha percebido isso. Não é coisa nova. É que o povo não quer aprender, não quer conscientizar, quer continuar no posto de vítima, no coitadinho, não quer assumir, e aí? Aí, pega numa zona onde a pessoa não pode mudar.

Não tem saída. Ninguém foge das leis da vida, daquilo que é importante. Se você estiver deixando algumas porcarias de lado, não tem nada a ver. É até um bem. Não liga para isso, para aquilo. Isso é bom, eficaz e você toca pra frente. Mas, se jogar fora a coisa que pra você é importante, ela volta. Ela aparece numa situação que o incomoda e vai mexer com você.

Por exemplo, você está quieto no seu canto, aí vem qualquer pessoa que mexe com você que dá vontade de matá-la. Fica com um ódio, faz um escândalo que o coração até dispara. Por que faz tanto escândalo? Mesmo que pense consigo: "Não precisa tanto, né?" Você tem um senso, mas no corpo é um negócio horroroso, porque ele está dizendo: isso é você. Assuma isso. Você é igual. Se você assumir: "É, eu tenho isso. Nossa! Eu também sou assim. Credo! Tô me vendo." Aí, passa.

Não basta só assumir. Tem que assumir responsabilidade sobre aquilo, porque, sendo ruim, você tem que trocar. Porém, não acontece só com as coisas ruins que você esconde. Acontece também com as coisas boas que você não esconde. Você é uma pessoa inteligente, é uma pessoa assim, assado, mas deixa o mal entrar: é a crítica do outro que diz que você não presta, que você é uma porcaria, que você é um idiota, que você é um anormal, e você pega.

Aí, no caso, o que você negou? Qualidade. Não pode negar nenhum pedacinho da sua verdade. A lei da consciência vai querer empurrar. Então, como você não aceita na cabeça, vai aparecer nas pessoas em volta e vai dar no que chamamos de paixão. Já que assumiu que é uma porcaria, você vai se apaixonar pelas qualidades que vê no outro ou nas coisas fora, seja um artista, uma música, uma matéria, seja qualquer pessoa.

Quando é algo que você possa controlar, beleza. Como é bom se apaixonar por uma arte ou por uma matéria. Mas, se for por alguém, se você não tiver uma certa estrutura, um bom senso para lidar com aquilo, sua vida vai virar um inferno, a começar pela dependência total do outro. Você vai vivenciar um estado doentio.

Vamos fazer um exercício. Pegue essa pessoa e imagine de corpo inteiro que você seja ela, sem pensar. Só brinque com isso. O que é que ressalta nela? O que é que você admira tanto nela? Quando você é ela, qual é a sensação que sobressai? "Eu sou uma pessoa... eu sinto..." Então, aceite isso. Onde é que você é assim? (a qualidade que você vê na pessoa). Onde está sua sensação no corpo? Então, sinta. Você é. Você também tem igual. Sinta e perceba como acaba aquele fascínio exagerado.

Agora, olhe do lado e veja os pensamentos ruins que você tinha em ser você. Você tem isso, tem aquilo, ou, não tem isso, não tem aquilo. Você nunca foi assim. Nunca foi toda aquela porcaria que você se achou a vida inteira, principalmente em determinada época da vida, quando criança, na juventude. Veja a rejeição lá. Isso ainda está vivo aí. Tem que ser dissolvido.

Então, peça para seu exu natural: dissolva tudo isso, pelo amor de Deus, que tudo não passa de uma mentira, porque eu sou eterno, a minha beleza vem de dentro. Esse é meu charme, esse é meu *sex appeal*, essa é minha coisa. Meu negócio é meu negócio, o do outro é o do outro. Não tenho nada com isso. Não importa estar jovem, estar velho, não importa nada disso. Imagina! Depois, a idade não conta. Descarrego todo este mal que eu guardei, toda essa distorção, isso não é mais compatível com o meu conhecimento, nem com a minha visão. Eu, neste instante, assumo... (a qualidade) que está em mim, meu charme, meu carisma.

Veja que a pessoa continua com as qualidades dela lá, mas não mexe mais da maneira que mexia com você. Continua igual, mas já não lhe provoca aquilo, porque o que você estava vendo lá, que mexia com você, era o seu, que projetou na pessoa. É material negado.

Quando você vê as qualidades no outro, tudo bem. Isso é normal, não mexe. Mas mexeu, aí tem. Aumentou o fascínio, a cobra ataca. O que é o fascínio? É você mesmo aí se puxando. Você quer aquilo pra si de qualquer maneira. Aí, se apaixona achando que é seu. Move o mundo pra ter aquilo. Às vezes, perde até a dignidade, fica totalmente dependente, sob o poder do outro e se perde. Isso é paixão. Quem é, não é isso tudo. É só uma pessoa. Tanto é que, quando a gente vê um defeito nela, a paixão diminui. "Nossa! Não é aquilo que eu pensava." Não se vê mais naquele pedaço dela. Quando se vê, fica fascinado.

Fascínio é o que você vê de você no outro. Perceba como as pessoas implicam com as outras? A implicância, o ódio, a raiva também é um fascínio. É o mesmo fenômeno, só que é pelo lado negativo. Do outro é fascínio porque é uma qualidade, não é um ponto fraco. Não tem como. Você fugiu de si, negativou, falseou, virou arrogância porque você é mais e, tudo que é desfoque, a natureza tem que corrigir, trazendo pra humildade, pra verdade, pondo as coisas no lugar.

A consciência que desfocou por alguma razão através do arbítrio, das suas escolhas, ela mesma é que tem que trazer de volta e pôr no lugar. Então, não vai parar de acontecer, até a hora em que você assumir a parte sua.

Enquanto não voltar a parte positiva pra você manter, bancar, contra as negativas que você pegou no passado, ou as que você tem que trabalhar e tornar positivas, você não resolve a questão. Fica preso ali. E se ficar preso, vai se tornando cada vez mais torturante que pode até virar passional.

No passional, a pessoa está se perdendo rapidamente e, como se não bastasse, acaba se apaixonando por coisas, jogos, vícios, drogas, até chegar onde tem que chegar. Aí, ela tem um salto na sua evolução. Você não pensa que Deus é louco de deixar o arbítrio pra você e ficar quieto, né? Que a gente faça o que bem entender, e não tenha uma resposta da vida? Por isso que existe a lei.

Portanto, a lei da consciência é isso: tudo que você ignorar da sua verdade, volta pra você ampliado. É como se estivesse dizendo: olha o que você está fazendo consigo. Quanto mais você se desvaloriza, mais vai atrair o ladrão. Quando mais você estiver maduro pra deixar os outros de lado e ir por si e não vai, mais você está se corrompendo, mais está sendo desonesto consigo, mais a natureza está forçando a ser honesto com você. Por isso que todo desonesto irá sofrer até se tornar honesto, porque a natureza não permite, nem que tenha que passar séculos no umbral. A honestidade é andar na lei.

O que você chama de honesto é porque está na lei. Ele é sincero, é modesto, ele sabe dele, assume suas coisas, respeita os outros e os outros o respeitam, assim por diante. Ele está agindo na lei. Quem age na lei, atrai pessoas que agem na lei. Quem age fora vai ter problemas até resolver aquilo, porque ninguém pode se desviar.

Deus não está agindo no sentido de interferir. Ele é a lei. A melhor forma de a gente reconhecer a presença divina é a lei. A presença divina é o verbo, é a lei. Ele já é. E o ser humano inventa o antropomorfismo, bota a imagem humana na figura divina, mas não é nada disso. A religião ensinou assim, Deus como sendo a figura de um pai. Os deuses gregos também tinham esses aspectos.

Os deuses não interferem. Isso é bobagem. Os deuses são os aspectos das leis, das forças cósmicas. Tudo tem lei e a consciência para nós é o elemento mais importante, e seu recado primordial é sempre avançar. Se você falhar em tomar consciência da coisa, ela o corrige, fazendo-o voltar, até que você entre onde tem que entrar e aí ela leva-o para o progresso.

Não pode continuar sem pôr os pedacinhos no lugar. Por que não pode? Qual é a primeira lei da vida? A da unidade, da individualidade. Você pode dividir, ficar aí todo quebrado? Então, como é que você deixa um pedaço lá atrás? Um computador de última geração não vai funcionar a contento se faltar um chipezinho. Precisa ser consertado.

Sempre que for pensar nas razões, tem que pensar com as leis na cabeça. Você não pode se dividir em dois. Não pode ser outra pessoa, além daquilo que já é em essência, mesmo que não esteja expresso. Você só pode ser você, o único no universo. Você tem o poder. Aliás, perde o poder se tentar não ser você e ganha poder quando procura ser.

Como é que eu faço isso no dia a dia? Assumindo total responsabilidade pelo que acontece comigo de bom ou de ruim. O poder é isso. Faço e desfaço. Se fizer na minha individualidade, a favor dela, beleza. Se fizer contra, a lei volta, até fazer certo. Não tem jeito de desviar. A vida cuida de todo mundo. Tudo se ganha, ninguém se perde. É a lei da perfeição. Tudo está certo, tudo está perfeito. Portanto, eu sempre ganho.

Não adianta querer barganhar com a divindade porque você é só um pedacinho e ela é tudo. Você vive dentro da lei. O ser humano contém uma consciência muito frágil, pequena e imatura. Não conhece muita coisa, então, ele faz ao seu modo, mas a natureza humana, sabendo disso, já pôs os corretivos, e ninguém passa da fase em que está e vai para uma melhor, chamada de estado iluminado, que é a próxima fase. O caminho é esse: se perde pra se achar. A gente esconde pra depois achar.

O que a lei da evolução faz com você? Ela o seduz, feito a serpente do paraíso, para você cair e se desviar. Você sai e percorre um caminho de dor e quando sua dor chegar ao fim, você se acha, e quando se acha, tem consciência do que não tinha.

A dor serve pra ter consciência, porque na sensação do corpo surge a consciência e a lucidez cresce. Entra a luz, sai a ignorância, saem as trevas, enfim, sai a dor.

Quanta coisa você fez sabendo que não podia e quando viu já tinha feito? Aquilo foi mais forte que você e não teve jeito e você embarcou. Foi vivendo aquilo, tirando as lições, até que um dia voltou com uma convicção tal que nunca mais sai.

Foi assim que ocorreu naquele momento lá de Adão e Eva no paraíso. A cobra na árvore do bem e do mal, ou seja, as forças da consciência atuaram, porque eles eram puros. Não tinham consciência e eles precisavam se perder para adquiri-la. O bem só aparece devido ao mal. No contraste surge a consciência. Aí, entrou a tentação de fazer o proibido. Por que nasceu o proibido? Para tentar a curiosidade humana.

Quando não há consciência de algo é preciso perdê-lo para perceber que o possuía. "Eu era feliz e não sabia." Não é isso que dizem a respeito da infância?

Sem o caminho você não tem a solidez, a certeza, a visão clara, precisa e inquestionável da coisa. Tudo faz parte de você, mas você não vê. Então, para ver, tem que dar essa volta, mas nada que já não estivesse lá antes. Precisa da vivência para despertar.

O mérito da curiosidade

Na lei da consciência, quando você se empenha em buscar o saber, em buscar o certo, em buscar o entendimento, quando você age pela curiosidade saudável e vai em busca, você está favorecendo a consciência e ela toma isso como mérito. Não só com tudo que você fez no passado ela tem que agir, mesmo que lhe cause dor, como tudo que você faz a favor, ela tem que ajudá-lo, porque é interesse dela. Tudo é interesse da lei da consciência.

A lei quer que você siga para evoluir. Você pôs lá sua boa vontade, começa a jogar curiosidade, se empenha, escreve, lê, tem motivação, se interessa, então você é premiado. Por isso que os premiados com o conhecimento são aqueles que buscam o saber e acabam dominando.

São apaixonados e profundamente atraídos por determinado assunto. Se forem generosos e multiplicarem isso com os outros, a lei os prefere e investe neles.

A consciência divina já os gratifica com facilitações para explorarem e ganharem naquela área. É o que acontece com os espiritualistas, os cientistas, os músicos, os pesquisadores, os filósofos, os escritores, professores, arquitetos, políticos, médicos, assim por diante. São as árvores que o Pai plantou. As árvores que o Pai não plantou serão cortadas, mas as que o Pai plantou darão bons frutos.

Na lei da consciência tudo vai do mais simples ao mais complexo. Vai-se montando uma estrutura cada vez mais complexa para se perceber níveis mais complexos de consciência como é o caso da Física na Ciência. É assim em todas as áreas possíveis e imagináveis.

Em qualquer estudo que o homem faça, a consciência age de forma cumulativa. O acúmulo da consciência é a própria inteligência. Na inteligência, o que se acumula não são as descobertas, mas as atividades, as capacidades mentais que desabrocham a cada nova descoberta.

É assim na Matemática. A Matemática não está acabada. Ela vai avançando e cada vez que há novas descobertas é porque entraram para a inteligência humana as atividades que não estavam ali. O que você vê hoje da Matemática não vai ser o mesmo daqui a dois mil anos. Ela só está refletindo a capacidade da inteligência primal se desenvolver.

Por isso que a Matemática é a visão do novo. Sem ela não há visão nem registro do que é novo em todos os campos da natureza. A Matemática é a proporção básica do pensamento divino.

Tudo está caminhando para o mais avançado. Do menos para o mais, do caos para o organizado, do simples para o complexo, do ignorante para o sábio. Não há volta. Não dá para dizer "eu quero deixar de saber isso."

Einstein dizia que *a mente que se abre a uma nova ideia jamais voltará ao seu tamanho original.*

O contraste

"A figura de Lúcifer — o que traz a Luz, a estrela da manhã — que é considerado o príncipe do caos, das trevas, tem uma função divina. Na hora oportuna, nosso Eu Superior nos entrega a ele que faz seu serviço e nos devolve ao Espírito Uno. "Você estava na ignorância, nas trevas e eu lhe trouxe o sofrimento para lhe trazer o caminho, a Luz. Depois de fazer meu trabalho de sensibilização eu entrego você para Deus, e quando estiver no colo Dele, você vai me agradecer e perceber que eu fui seu melhor amigo". Ou seja, Lúcifer é a outra face do Espírito Uno em nós. É outro aspecto divino que trabalha para nossa percepção, para a organização de nosso caos. Tudo é o Espírito Uno: o organizado e o caótico, a lucidez e a ignorância, o paraíso e o inferno."[1]

---

1 - Do livro *Revelação da Luz e das Sombras*, de Luiz Gasparetto e Lúcio Morigi, pág. 242, 2ª ed., Ed. Vida & Consciência.

O fascínio, a cobra, tem um papel importante. Ele o leva pelo caminho de Lúcifer, que é o da perda, para que você um dia entre em uma nova consciência e ache a luz. O caos é um elemento do processo da consciência.

Se não há o mal, não há o bem. Se não há noite, não há dia, que é chamada a lei dos contrastes. Dos contrastes surge a consciência. É o estado do perceber. O que é o perceber? É o ato de ter consciência. Não quando você sente, mas quando você percebe que sente, porque, às vezes, você está sentindo, mas não está percebendo. De repente você bota a consciência lá e percebe: "Nossa! Machuquei o dedo e nem tinha visto." A consciência pode negar e pode apagar. É por isso que se ela se sente frágil. Então, ela volta forte para o que você não vê.

A intensidade dos contrastes caminha na evolução. Por exemplo, uma pessoa primitiva, muito ignorante precisa de contrastes muito intensos. O mesmo ocorre com a criança, do contrário, ela não percebe. Para um adulto, cuja consciência já foi sensibilizada por várias experiências, o contraste tende a ser menor. A questão do contraste com a depuração da consciência vai deixando de ser expressivo.

É melhor a palavra expressivo que violento. Quais são os movimentos expressivos da consciência? As dores, o sofrimento.

A consciência refina. Cada um tem seu grau de sensibilidade, como ocorre com o tempero da comida. Quer dizer que a consciência, à medida que você vai se abrindo, ficando mais consciente, mais sensível, vai se refinando.

Quanto mais estímulo, quanto mais exposto, mais vai refinando. Quanto mais você ouve música, mais seus ouvidos percebem as nuances dela. Em tudo que você é muito exposto é provocado o refinamento, o discernimento. A consciência se aprofunda, se refina e se expande.

A vida não se expande só porque o universo se expande. Ela se expande na consciência do universo humano. Quando a consciência se expande você tem mais vida. Quando você foge da vida, acaba fechando a consciência.

Você se fecha, aí vêm as dores pra quebrá-lo e se abrir de novo, porque a evolução também caminha em um movimento de pulsação. Abre, fecha, abre, fecha, abre, sempre ampliando a abertura, como se fosse um espiral.

Nesse pulsar decorrente do exercício da vivência, na função dos contrastes, é eliminado o que não serve mais. Cada vez que você exercita, a consciência vai se expandindo.

O que você chama de sofrimento e mal é apenas um estágio de pulsação da consciência. É aquele momento em que tem que haver uma consciência, uma pulsação.

Quando você atinge certo estágio, aquilo não passa de uma ondulação que não causa mais sofrimento. Basta um pouquinho pra você notar ou perceber.

Consciência coletiva

Há outro aspecto da lei da consciência. Ela é coletiva. Ao mesmo tempo que é individual, é coletiva. Quando dizemos que é coletiva, é porque ela está intrincada na lei dos seres, onde cada um é um. Eu existo porque você existe. Só tenho consciência de que eu sou eu na medida que você está na minha frente e é diferente.

A consciência vem através das diferenças e nunca através das igualdades. Quando todo mundo estava lá na semente, no seio divino, na latência, parecia tudo igual e não havia consciência e, como estava tudo igual, era tudo parado. Só quando aparece a existência na matéria é que começam a aparecer as diferenças, os contrastes e, então, surge a consciência.

Portanto, a expansão da consciência e da evolução das outras leis vai impulsionando e levando o ser humano. Nosso alívio é que, quando chega no estado de consciência, a nossa inteligência é cumulativa em habilidades, aí ela pega outra habilidade. E o que acontece?

As habilidades se combinam, dá uma terceira habilidade, depois se combinam, dá uma quarta, uma quinta, uma sexta, assim por diante. Isso é chamado de salto quântico da inteligência, onde ela se apropria de todas as habilidades.

É como um computador. Ele pega um programa e soma com outro e consegue fazer um programa muito mais amplo.

A consciência contagia

No somatório das habilidades, novas habilidades surgem. A consciência multiplica progressivamente e geometricamente. Se dez por cento da humanidade aceita uma coisa, os outros noventa vão aceitar por contágio. Dez por cento chegaram num ponto da evolução, o resto vai evoluir por contágio. Funciona tanto para o bom, quanto para o mau.

Por isso que Hitler num discurso pegou quase toda a Alemanha. Cristo convenceu um povoado que pegou o mundo inteiro. Um cientista faz uma descoberta e convence a Terra inteira. O avanço social de dez por cento atinge toda a sociedade. O desenvolvimento social existe porque o somatório das consciências pessoais provoca avanço na consciência coletiva. Tudo trabalha pelo bem do ser humano. A vida é absolutamente mágica e sábia.

8

Lei do mérito

Nada vem do nada. Tudo vem de alguma coisa dentro de você. Se você tiver mérito, vai conseguir seus intentos. Se não tiver vai precisar trabalhar para ter. A lei do mérito está embasada no próprio processo da evolução que segue o seguinte trajeto: você tem que ir do pior para o melhor, do ignorante para o sábio, do inconsciente para o consciente, do caótico para o organizado, do simples para o complexo. Isso faz com que você seja motivado a fluir do estado latente para a ação dinâmica.

Ora, se a evolução é fazer com que o que está parado na perfeição latente se torne uma perfeição presente, vivente, existente, se o processo é vir de lá para cá, então, tudo é movimento que chamamos de trabalho. Esse movimento se porta através de estímulo e resposta.

O processo de estímulo e resposta resulta em acúmulo de informações. O que é acumular? É formar estrutura.

A estrutura é basilar. Depois, outra estrutura é formada e se encaixa perfeitamente em cima dessa base, assim por diante, sempre se formando novas estruturas. Assim é que vai se fazendo a estrutura do conhecimento. Em outros termos, a expansão da consciência.

Essa estruturação é o próprio alicerce da existência. A existência eterna que estava latente, agora vai se tornar eterna, presente. Desse modo, tem que haver estrutura para a eternidade.

Essas camadas são cumulativas até certo grau. Quando houver um acúmulo significativo, há um salto na consciência. Os acúmulos, agora separados, vão se conhecendo, se interagindo e vão criando outros planos do conhecimento, num processo contínuo, infinito e eterno.

Quando falamos de processo, estamos falando de ação. A ação de estímulo provoca um impulso da ação presente. O estímulo provoca a ação, a ação vira estímulo para outra ação, assim por diante. Nisso, as fontes interiores, como o arbítrio, a escolha, por exemplo, têm um desempenho fundamental no processo da tomada de consciência.

Na verdade, é uma coordenação. Surge a vontade de, vem a necessidade de, vem a motivação para, que é o estímulo, então, você se move e ao se mover desenvolve habilidades, capacidades, faculdades, virtudes que formam estruturas cada vez mais diversificadas, sólidas e poderosas.

Absolutamente tudo nunca para, como a evolução e o tempo nunca param. O ser humano tem a fantasia do zero, mas o zero não existe, é apenas um conceito. O que precisamos perceber é que tudo trabalha e se move para progredir. Se uma das partes do trabalho não for feita, danifica todo o processo. Quando a pessoa se recusa ao trabalho, todo processo o esmaga reclamando que ele volte a agir.

Assim, na lei da evolução, se você se predispõe e age, vai para um tempo melhor, mas se começa a não querer agir, ou agir contra a ordem da lei, você é obrigado a voltar e, geralmente, forçado a voltar experienciando o que se chama de sofrimento.

Tudo é trabalho. A maior ilusão é de que sem trabalho você pode chegar lá. O que é isso? Quando a gente fala em mérito, significa ter andado com a evolução, e o demérito é querer tapear isso. Você acha que é bom, que veio de graça e assim pode também dar de graça aos menos privilegiados. Essa postura vai fazer um mal, vai provocar um demérito tanto para quem deu como para quem foi "beneficiado", porque você não ensinou a pessoa a ir nela e tal, não a ajudou. Deu pronto e a pessoa se atrofiou. Ela vai responder caro pela atrofia atraindo deficiências.

Deficiência é se forçar nas necessidades dela para ela reagir. Se ela não vai pelo mais fácil, vai pelo mais difícil. Tem gente que precisa ser apertada para ir.

Enfim, o mérito é, sem sombra de dúvida, o bem, porque só o bem ganha o bem. Só o mal ganha o mal, não importa se está na inocência ou não, pois se o resultado é ruim, é porque a ideia foi ruim. Ora, a escolha é o uso da habilidade dela, então, é responsabilidade dela. Se ela acertou, terá o lucro, se não acertou, terá que pagar a conta.

O que é pagar a conta? Pagar a conta não é punir. É entrar num processo para que ela aprenda o que não aprendeu, porque a natureza não pune. Ela se encarrega de ajudar a pessoa nas suas deficiências, porém, o método para tirar da deficiência, muitas vezes, é ruim, porque tem que tirar da ilusão para depois pôr na verdade para conseguir o intento, e tirar da ilusão geralmente envolve sofrimento.

O mal disfarçado de bem

O que ocorre é que o respeito ao mérito é o bem e o desrespeito é o mal. Você, na sua ignorância, quando lhe disseram que era isso, que era aquilo, que era ruim, que era feio, que não sei o que lá, interiorizou todo esse mal. Vamos chamar isso de mal básico. Ao aceitar essas mentiras, elas se tornaram parte de você, constituindo-se em uma camada.

A partir daí, você começa a formar uma segunda camada. Bom, para eu me sentir bem tenho que fazer alguma coisa para sair desse mal. Se você está se sentindo mal é porque está no mal, não é mesmo? Você criou uma necessidade aí. Então, para compensar e não ser rejeitado pelos outros, vai ser bonzinho, lindinho, certinho, vai desempenhar papéis que agradem os outros. Vai fingir que é assim, assado, exatamente como os outros querem e você vai entrando na conversa deles. Para você essas atitudes são um bem, mas não sabe que está investindo cada vez mais no mal, uma vez que tudo isso é contra sua individualidade, contra seu temperamento. É o lobo em pele de carneiro.

Você está aí de bonitinho e sempre dando muita força para o outro, temendo muito o mal do outro: "Não, porque o mal, o mal, o mal." O que é isso? É fé no mal. Praticamente toda a humanidade sofre disso. Aí, quando você vê uma pessoa com problema, já se coloca de plantão: "Vou ajudar ela." Mas, sua alma não está com vontade e fala assim: "Não faça isso." Então, vem a voz da cabeça: "Não, você tem que ajudar; você não pode ser egoísta; você vai ser ruim? Você já é ruim, vai ser mais ainda?" Essa é a voz do mal. E você: "Não, eu tenho que fazer, eu tenho que fazer." Vira até uma compulsão.

Claro que você vai fazer, porque a pressão mental é maior. Você faz, mas está tudo errado. Você age no mal disfarçado de bem. Você dá força para o mal, põe fé no mal. E o que é feito no mal, só pode resultar em mal, tanto pra quem faz como pra quem recebe. Muitos, depois, ainda desfazem de você, e você vai dizer: "Como as pessoas são ingratas!" Suas coisas dão errado e você não acredita, ficando na revolta: "Puxa! Eu tô fazendo o bem, não mereço ingratidão. Só faço o bem pras pessoas e dá tudo errado na minha vida..."

Agora, vamos ver onde começou isso na sua cabeça? No mal que você enviou. Do mal você quis compensar e acabou alimentando mais o mal. E por que se dá mal se você fez o bem? Porque o "bem" veio do mal. Ele não veio do bem.

Primeiro, a alma, através do sentir, tentou alertar e dizer-lhe que o bem era outro, mas você estava lá na compensação do problema daquele mal antigo e ignorou a mensagem do corpo. Estava tentando resgatar o bem naquela sua luta e entrou nessa fria.Foi por isso que se deu mal. Você teve medo do ato ter sido mal. Foi por isso que veio o mal do outro através da ingratidão. Mal atrai mal e bem atrai bem. Se não bastasse, a revolta e o desapontamento põem ainda mais lenha na fogueira do mal.

Todo mal que você experimenta nasce do mal que há dentro de você. Veja como é a lei do mérito. Parece óbvio, mas não é. Ela está dividida assim: só o bem leva o bem, só o mal leva o mal. Se tem o mal é porque de alguma maneira você enfiou o mal ali.

As pessoas não têm consciência de que se as coisas dão errado é porque elas fazem o bem que a cabeça manda fazer, senão, vão se sentir culpadas porque interiorizaram todo aquele mal que ouviram na infância. Quando agem, não é pelo que o coração está falando "vai que vai dar tudo bem", mas porque a cabeça as ameaça com julgamentos.

Isso tudo é obra do demônio interior. É o mal que as pessoas continuam aceitando, ouvindo, abaixando a cabeça, se submetendo e servindo os outros, na ilusão de que são boas, mas a vida dessas pessoas é desgraçada. Há muitos missionários que todo mundo aplaude porque fez tanta caridade que morreram ruins, podres, acabados e passam no umbral muitos anos porque estão no mal.

Sabe o que é isso? É a ilusão da vaidade de querer parecer bom pra fazer bonitinho. Ela vem do mal. É a tentativa de compensar nossa baixa estima que vem de vidas e vidas. Ninguém tem isso hoje sem que não tenha tido no passado e ainda não venceu. Não é coisa que os pais ensinaram. São crenças e atitudes interiores de cada um que remontam a outras vidas e que vêm à tona a qualquer momento porque ainda não foram resolvidas. Daí a importância de passar o passado a limpo.

Você reencarna, esquece todo passado, mas qualquer coisinha detona aquele padrão, mas é para ser assim mesmo. É preciso lembrar e aquele padrão tem que emergir para ver se consegue ultrapassar todos os fatos e coisas que deixavam você confuso.

Rompa, agora, de vez com esse passado. Você tem uma nova oportunidade de tomar outro caminho e aprender de forma mais lúcida como lidar com esses entulhos que emperram sua vida. Por isso que a reencarnação é uma bênção. Está tudo perfeito. Cada um está onde precisa estar, e sempre terá uma nova chance de aprender a trilhar o caminho correto que é o caminho da lei. Ninguém está perdido, apenas não está sabendo utilizar a mente de forma adequada, mas que certamente um dia aprenderá.

O mérito é a grande ilusão do brasileiro porque ele já pega o mal na origem, quando começa a forçar a barra para fazer suas coisas, e o país, a sociedade, a família, a religião também o ensinam a forçar a barra para ser certinho, direitinho, bonitinho. Ao forçar muito a barra com a força e autoritarismo, nasce a preguiça, a resistência, o coitadinho, o desculpismo, para fugir dos castigos dos dominadores.

É assim: ou você vai ou é um desgraçado. Na dor da condenação, em vez de lidar logo com o mal dentro de si, foge dele e se defende se desviando, sendo desonesto. Essa é a origem da desonestidade, desses problemas todos pelos quais o Brasil está passando. O mal tanto está nos políticos como no povo que o elegeu. O povo vive no medo, portanto, aceita o mal, porque medo é acreditar no mal.

Quanto mais tivermos o mal dentro de nós e pregarmos o mal para as nossas crianças, principalmente o medo, mais vamos criar o desonesto, mais vamos criar o perverso. Mesmo que ele esteja querendo fazer o bem, mesmo que ele se proponha a fazer o bem, não percebe que está alimentando uma série de atitudes erradas.

Desse mal surgem os padrões ideológicos que não passam de fantasias delirantes em vez de um estudo pormenorizado, cauteloso da diversidade dos seres humanos e da natureza humana, que a Ciência lentamente vai chegando e que é uma saída.

Todo aquele que não souber aprender o que realmente é o mal e o bem, não vai conseguir o sucesso. Por vontade, todo mundo quer o bem, mas o bem de cada um é de acordo com o que ele aprendeu. Bater em quem lhe bateu é muito normal, ou seja, um mal contra o mal é natural.

Aquilo que você fez, ficou e conforme ficou vai atrair mais e nunca acaba. Quando você diz: "O cara falou uma besteira, mas não vou entrar nesse mal. Não tenho nada a ver com isso." Você ficou no bem, o mal não pega, some, porém, não é só o mal que some, mas tudo que poderia vir desse mal também some.

Portanto, o mal básico sempre é o mal básico. É aquele que começa tudo. É o que você escutou e está aí dentro. É ver a vida com os olhos dos humanos e não com os olhos de Deus. Nos olhos de Deus tudo está certo, mas a corrupção vem, ofusca-o e você vê desvirtuado.

Contudo, essa convivência com o mal nos estimula a crescer. Essa permuta entre o caminho certo e o caminho errado vai nos proporcionando discernimento e força a consciência a se expandir. É a vivência. Está tudo certo no nível divino.

Para nós que já temos consciência do caminho da evolução, é diferente. Procurar o verdadeiro bem ou ver onde está o verdadeiro mal é uma arte e não é obvio. Seria óbvio se nós valorizássemos o corpo porque na hora em que você formula qualquer pensamento ou qualquer vontade, o corpo responde e já reage, e aí você vai perceber pela reação, pelo prazer ou pelo desconforto, se isso é bom ou mau. Já tem um referencial.

A despeito de tudo que foi dito sobre o mal, a ilusão do mundo existe para a gente se perder mesmo. É se perdendo e procurando o caminho de acordo com a lei que aprendemos e expandimos a consciência. Sem o mal não teríamos a consciência do bem. Seja qual for o trabalho, tudo é trabalho válido.

O que está acontecendo nesses últimos meses com esse povo todo nas ruas protestando e reivindicando um governo melhor para o Brasil? Pelo que se percebe, a grande maioria quer mudanças no governo. Já que é sabido que a situação está caótica, os apelos são mais do que justos.

Ou seja, as pessoas estão pela lei e pelo bem que sabem e não há agressividade, o que são pontos positivos. Estão no seu papel, enfrentando, falando o que pensam. Claro que tinha que ser à moda brasileira, brincando, debochando. Estão indignadas, porque um pouco desse mal que está lá nos dirigentes também está dentro da gente.

Todo mundo tem um certo grau de desonestidade, principalmente consigo mesmo. Então, mexe, mas o povo está agindo direito, está lá firme e vai conseguir, porque o mal tem menos poder que o bem. Quanto mais o povo fica na insistência do bem, mais o mal aparece e mais o mal se enfraquece. O mal por si só se destrói. É exatamente o que está ocorrendo no momento com o governo atual. Eles mesmos fazem as besteiras e se enroscam.

O povo também acabou se enroscando porque tinha medo, mas está perdendo esse medo e está se ativando para realmente participar de todo o movimento de melhoria do Brasil, enquanto os do contra vão se consumindo. Quanto mais fazem, mais mostram quem são, que estão agindo no mal.

Mesmo que estivessem na ideologia que achavam ser maravilhosa, não teriam sucesso. É que o comunismo acha que não existe crime, apenas está lutando pela ideologia segundo a qual, se matarem meia dúzia, é porque foi preciso. Acham que não é crime, como na guerra. Os fins justificam os meios para imporem sua ideologia. Aliás, toda espécie de radicalismo se pauta por essa justificativa.

Quem está dentro de outra ideologia é que percebe que é crime, que está havendo agressão. O que está fazendo acha que pode, pois não tem outra visão, já que está inserido no mal. Quem está no mal provoca o mal e se consome por si só. Se você tem outra opinião a respeito, é só verificar o que está ocorrendo com os países comunistas.

Veja o exemplo atualíssimo de Cuba, que está se abrindo e permitindo ao avanço do capitalismo. É claro que o capitalismo radical forçado também tem seus males. Tudo que é imposto, tudo que é forçado está com os dias contados.

Toda ideologia protecionista, paternalista, assistencialista, excessivamente socialista é uma afronta ao mérito, porque quer tirar as diferenças humanas, quer fazer todos iguais, e isso é uma aberração diante da lei da unidade, porque corta na raiz a criatividade de cada um.

É possível serem todos iguais perante a lei, mas não é possível fazer com que todo mundo seja igual socialmente, que use a mesma roupa, que tenha os mesmos costumes, que tenha que trabalhar em qualquer coisa, que o que produz não é seu, mas da comunidade. Que absurdo! Isso é frontalmente contrário à lei da unidade, cujo respeito à individualidade é premissa básica.

Não resta a menor dúvida de que a tendência dessas ideologias é sua extinção pois, sempre haverá os mais espertos, os mais inteligentes, os mais evoluídos, os mais vividos, os mais criativos que prevalecerão.

Quando há uma interferência nesse nível, fatalmente vai haver uma reação. Qual foi a reação de todos esses países que entraram nisso? Pobreza, perda de motivação, perda de criatividade, perda da individualidade, vícios, desorientação, falta de capacidade de escolha, falta de capacidade de optar, falta de capacidade de integração, e a coisa começa a se decompor e o império entra em derrocada.

Outros países, mesmo com seus defeitos, estão aí na valorização do capital, na valorização do pessoal, na liberdade de expressão, na propriedade privada, na valorização da individualidade, mais dentro da lei, encontram-se em situação visivelmente melhor em termos de qualidade de vida. É certo que há exceções, mas a diferença é gritante quando comparamos as grandes potências e as nações desenvolvidas ou em vias de crescimento. É só pegar o exemplo da China. Depois que adotou o capitalismo, é o país que mais se desenvolve no planeta. O regime continua comunista, mas é só na teoria.

O mal está por trás de qualquer fracasso. Seja no sistema de governo, seja numa empresa, seja numa instituição, mesmo sem fins lucrativos, seja na vida individual.

A empresa que entra nesse negócio de paternalismo, de socialismo, de coitadismo, muito assistencialista, que trata seus empregados como dependentes, como indefesos, com pena. Em vez de investir na promoção do ser humano, alimentam o desinteresse, a preguiça e, com certeza, mais cedo ou mais tarde vai falir, porque está investindo no mal. É o típico caso do Brasil com esses governantes de esquerda.

Mesmo que a empresa não tenha essa política com seus funcionários, mas, que volta e meia é acometida por medos, vai ter o mesmo fim, porque por trás de todo medo há uma mal. Aquela empresa que está ali no bem, não tem medo de nada porque não tem o mal na cabeça dos proprietários e isso é refletido nos funcionários, essa só vai produzir, lucrar, crescer, e subsistir a qualquer crise. Assim é com qualquer sistema, com qualquer pessoa que esteja agindo dentro da lei cósmica, da lei do bem.

Mesmo que esse tipo de política comunista seja temporário, é importante para muita gente que está iludida, tipo aqueles usando camisetas de Che Guevara, todo esse pessoal anda contra a lei do mérito. Esse povo vai alimentar as ideias em que resolveu acreditar, e aí vai ver que, para poder chegar nessa igualdade que ele acha que tem que haver, tem que perder seu próprio senso, sua própria dignidade.

Ora, onde as diferenças não têm importância o ser humano é anulado. Somente uma ditadura pra manter tal regime no país. Ou faz, ou apanha.

Claro que esse negócio não vai dar certo nunca e sempre será periódico, circunstancial.

Vai nascer o que daí? O preguiçoso, o desonesto que acaba corroendo o sistema.

Quanto mais paternalista, mandão e autoritário for o sistema, pior fica o ser humano, inclusive numa casa. Pode ver que nos lares, cujos pais possuem essas características, os filhos crescem meio bobões, impotentes, medrosos, envergonhados, complexados, não conseguem se desenvolver na vida e, certamente, no futuro terão problemas afetivossexuais e de relacionamento social. Então, tornam-se agressivos, violentos, revoltados e se voltam contra os pais.

Quanto a nós, não há outra opção senão aceitarmos e assumirmos total responsabilidade por termos nascido, por afinidade, neste país tão maravilhoso, com suas peculiaridades, inclusive o sistema de governo. Tudo é válido, tudo é belo, tudo está perfeito e de acordo com o somatório das consciências individuais que habitam esta terra abençoada por Deus e bonita por natureza.

Podemos concluir de tudo quanto exposto neste capítulo, o seguinte:

Só o bem gera o bem. Só o mal gera o mal.

Tudo trabalha pela lei do mérito. Mas, o que quer dizer mérito? Mérito é agir pelo bem.

Porém, o bem é relativo. Muitas vezes aquilo que para você é um grande bem, pode ser um lobo em pele de cordeiro e, quanto mais você alimenta esse bem, mais favorece o mal, porque lá na causa primordial, a semente está contaminada pelo mal, e tudo que vier em decorrência disso estará bichado. Por exemplo, para você, pode ser um bem ser bonzinho e certinho, mas na verdade você está agindo contra seu temperamento, seu instinto, sua individualidade.

Quando lá na infância disseram que você era ruim, que era burro, que era feio, que era assim, assado, você acreditou na mentira e interiorizou esse mal. A partir daí, para se sentir bem, você pensa: "tenho que fazer alguma coisa pra sair desse mal", ou seja, você criou uma necessidade. Então, para compensar e não ser rejeitado pelos outros e agradá-los, vai desempenhar papéis do tipo bonzinho, lindinho, certinho. Vai fingir que é como os outros querem.

Para você isso é um bem, mas não sabe que está investindo cada vez mais no mal, uma vez que tudo isso é contra sua individualidade, contra seu temperamento, contra seu instinto, características do seu espírito.

Quanto mais age dessa forma, mais se afunda. É como areia movediça. Sua vida fica emperrada, tudo dá errado, você fica na revolta, porque está fazendo tudo certinho e nada dá certo.

Seu espírito, como trabalha pelo lado do bem, está pressionando cada vez mais, através da dor, pra você fazer algo a seu favor e não contra, porque ele sabe perfeitamente que seu conceito de bem está equivocado.

Como você faz para inverter a situação? Ora, fazendo do seu jeito que é único, individual e perfeito. Isso é agir no bem. E o seu jeito é seguir suas vontades, seus sentimentos e parar de fazer gracinha para ser aplaudido, considerado, aceito, amado.

Diga: "ah, não me importo com o que os outros pensam de mim. O que o outro pensa de mim só interessa a ele. Ah, o que me disseram lá na infância é mentira, é bobagem, era coisa da cabeça deles. Agora vou seguir meus sentimentos, meu *feeling* e não o que a cabeça manda".

O mérito não é só a ação do bem, mas a capacidade de fazer esse bem. Por exemplo, você quer muito a prosperidade. Você já conseguiu alguma coisa, mas conseguiu até onde suas condições permitiram.

Você está tentando fazer uns trabalhos a favor, porém, ainda não captou uns males básicos lá de dentro que são as resistências. Se você tivesse a maturidade suficiente já teria mais.

Então, o que é isso? Depende. Quanto é que você quer se empenhar pra ter? Será que você tem a capacidade de aproveitar tudo que está querendo? Em algum nível já tem, mas ainda não é suficiente.

De que adianta pedir para uma criança resolver um teorema? "Ah, mas eu quero." Bom, se você quer muito já vai arrumar problema, porque agora você não está em condição. Não quer dizer que algum dia você não poderá chegar, mas, agora não vai.

No querer muito tem um mal embutido. Por que quer tanto? "Ah, eu quero compensar o sentimento de inferioridade." Percebeu o mal? Está na ganância desmedida. Ganância é motivação desmedida.

Motivação ou vontade de melhorar na vida é natural, é motivação, é da vida, mas, quando a dose passa a ser compulsiva, vira ganância.

Compulsivo é sempre o mal. O bem é sereno, calmo, isento do pensamento. É só um sentimento bom que vem lá de dentro e o preenche e você se sente satisfeito.

O mal só vive em nós pelo nosso apoio, por nossa vontade, por nossa escolha e o alimentamos com o nosso poder de crença. Para tirar seu poder e se desfazer dele, é preciso que nós nos tornemos maior que ele, sugando dele tudo o que demos. Como se faz isso? Se responsabilizando totalmente por ele: eu sou cem por cento responsável pelo mal que acreditei e alimentei. Eu entrei nessa e acreditei. Achei que era lógico, que era certo. Eu fiz tudo isso comigo aqui dentro. Agora, aqui, não tem mais ninguém, só eu, e comigo posso fazer o que eu quiser. Ninguém mais manda aqui.

Não critica, não justifica, não explique. Qualquer atitude nesse sentido você continua alimentando o mal. Qualquer desculpa alimenta uma culpa que é o pior dos males. Qualquer explicação é escapismo para fugir do compromisso consigo mesmo.

As pessoas têm muita dificuldade de assumir o poder, porque assumir o poder é ter responsabilidades e ter responsabilidade é ruim. Por quê? Porque se você não fizer direito, vai pagar. Mas, que pagar é esse? É a culpa. A culpa destrói o ser humano por dentro.

Lembre-se de quando você sentiu uma culpa muito forte, como foi a sensação? Não foi a pior do mundo? Está certo você morrer de medo de sentir aquilo de novo. Ai, deixa de enfrentar, e aquilo o domina porque você deu-lhe toda a força. Deixou-a agir em você fazendo-o se sentir tão mal. Antes de vencer outros males, você precisa vencer o da culpa.

Culpa é querer o impossível para você agora. Culpa é querer demais, é querer uma coisa que Deus não fez. É uma afronta à criação divina, porque ela vem de uma idealização. Culpa é pretensão. Sua pretensão acredita no fantasioso, no irreal, no ideal. Acredita que tudo e todos deveriam ser ideais. É só fantasia, pois goste ou não, você é só real.

Quando você não vê que é diferente do que sua pretensão queria, você dá uma surra em sua alma e ela se retrai. Como a alma é a responsável pelos sensos, pelos bons sentimentos, como a alegria, o entusiasmo, a paz, você vai experienciar tristeza, desânimo, depressão.

Procure ser modesto e aceite que você é o que é, que foi o que foi, que fez o que fez porque não sabia fazer diferente. Agora não faz mais porque aprendeu.

A culpa é um mal terrível que emperra sua vida em todos os sentidos.

Quando você erradicar suas culpas e arrependimentos, seu terreno estará pronto para que a semente boa, a semente do bem, germine sem contaminação de qualquer praga e sua plantação crescerá sadia, viçosa, linda e você colherá toda espécie de fruto que quiser, em abundância e com qualidade. É você, fazendo acontecer.

Fique na paz.

© 2016 por Luiz A. Gasparetto e Lúcio Morigi
© Romastudio | Dreamstime.com

Coordenadora editorial: Tânia Lins
Coordenador de comunicação: Marcio Lipari
Capa e projeto gráfico: Jaqueline Kir
Diagramação: Rafael Rojas
Preparação de originais: Lúcio Morigi
Revisão: Lúcio Morigi

1ª edição — 3ª impressão
3.000 exemplares — maio 2021
Tiragem total: 8.000 exemplares

**CIP-BRASIL — CATALOGAÇÃO NA PUBLICAÇÃO
(SINDICATO NACIONAL DOS EDITORES DE LIVROS, RJ)**

C167f

    Calunga (Espírito)
    Fazendo acontecer / [pelo espírito] Calunga ;
por Luiz Gasparetto e Lúcio Morigi; - 1. ed. - São Paulo : Vida &
Consciência, 2016.
    224 p. ; 21 cm

    ISBN 978-85-7722-503-3

    1. Espiritismo I. Gasparetto, Luiz e Morigi, Lúcio. II. Título.

16-34181   CDD: 133.9
                                 CDU: 133.9

Todos os direitos reservados. Nenhuma parte desta edição pode
ser utilizada ou reproduzida, por qualquer forma ou meio, seja ele
mecânico ou eletrônico, fotocópia, gravação etc., tampouco apro-
priada ou estocada em sistema de banco de dados, sem a expressa
autorização da editora (Lei nº 5.988, de 14/12/1973).

Este livro adota as regras do novo acordo ortográfico (2009).

Vida & Consciência Editora e Distribuidora Ltda.
Rua das Oiticicas, 75 – Parque Jabaquara – São Paulo – SP – Brasil
CEP 04346-090
editora@vidaeconsciencia.com.br
www.vidaeconsciencia.com.br

Rua das Oiticicas, 75 — SP
55 11 2613-4777

contato@vidaeconsciencia.com.br
www.vidaeconsciencia.com.br